Dekalog

Krzysztof Kieślowski

Dekalog

Krzysztof Kieślowski

Dekalog

Krzysztof Kieślowski

Dekalog

Krzysztof Kieślowski

凝視生命

奇士勞斯基《十誡》的神學美學

曾慶豹／著

凝視生命：奇士勞斯基《十誡》的神學美學

作　　者／曾慶豹
責任編輯／余欣穎
美術設計／小　雨
照片攝影／曾慶豹、陳若漪、余欣穎

發 行 人／饒孝楫
出 版 者／校園書房出版社
發 行 所／23141 台灣新北市新店區民權路 50 號 6 樓
電　　話／886-2-2918-2460
傳　　真／886-2-2918-2462
網　　址／http://www.campus.org.tw
郵政信箱／10699 台北郵局第 13-144 號信箱
劃撥帳號／19922014，校園書房出版社
網路書房／http://shop.campus.org.tw
訂購電話／886-2-2918-2460 分機 241、240
訂購傳真／886-2-2918-2248

2016 年 10 月初版

Life Gazing: Kieslowski's Dekalog

P.O. Box 13-144, Taipei 10699, Taiwan

First Edition: Oct., 2016
Printed in Taiwan

ISBN：978-986-198-523-7（平裝）

16 17 18 19 20 21 年度 | 刷次 8 7 6 5 4 3 2 1

紀念

唐媽

（盧蘭如女士，1929～2013）

DO WIĘCEJ OGÓLNEGO.

— CZY CYWILIZACJA CHRZEŚCIJAŃSKA …
MIŁOŚCIĄ? (A WSPÓŁCZESNA?) C…
CO DZIEŃ — DZIŚ I W HISTORI…
A ZACHOWANIEM I NAGINANI…
NAWET W KRĘGACH, KTÓRE…
CIJAŃSKOŚĆ.

1. NIE BĘDZIESZ MIAŁ BOGÓW C…
2. NIE BĘDZIESZ BRAŁ IMIENIA …
   REMNO.
3. PAMIĘTAJ ABYŚ DZIEŃ ŚWIĘT…
4. CZCIJ OJCA SWEGO I MA…
5. NIE ZABIJAJ.
6. NIE CUDZOŁÓŻ.
7. NIE KRADNIJ.
8. NIE MÓW FAŁSZYWEGO Ś…
   SWEMU.
9. NIE POŻĄDAJ ŻONY BLI…
   ANI ŻADNEJ RZECZY,
10. 1..

SIĘ
WSIMIMY NA
BRATU MIĘDZY NORMA
EM DO ZACHOWANIA
ESIŁA JĄ SŁOWA. CIERNIEŚ

PRZEDEWNĄ.
BOGA TWEGO NADA-

t.
OJĄ.

NA PRZECIW BLIŹNIEMU

WEGO.
JEGO JEST.

目錄

【輯一】偶遇

《十誡》隨筆

《十誡》札記

【輯二】目光

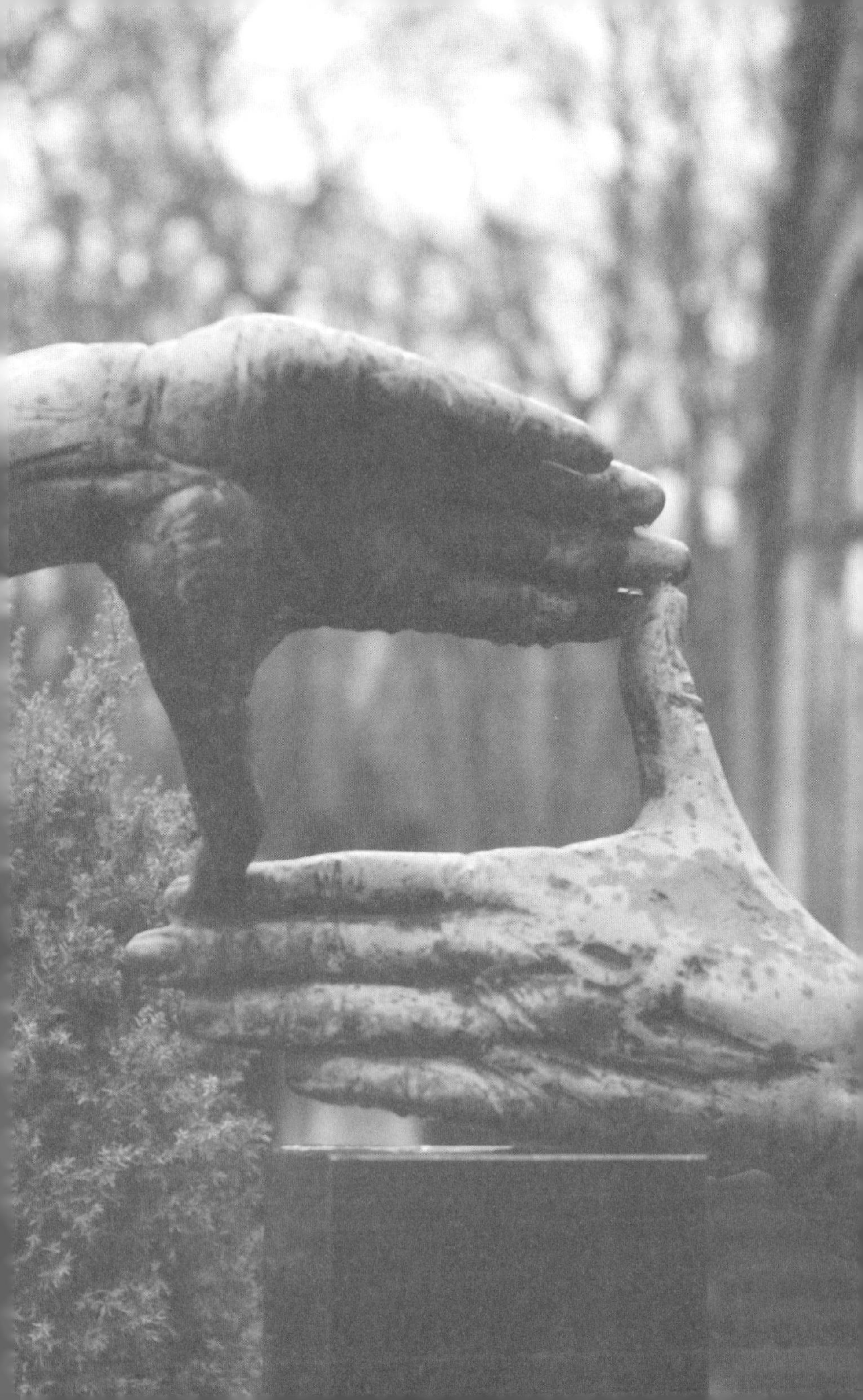

【輯一】

偶遇

《十誡》隨筆

1 序幕

香港導演兼著名影評人舒琪，說過一個自己的故事：

「一九八九年五月在康城參加影展，一個清晨無所是事，去看了一個小影集，這個導演和作品從未聽過。結果……我看了第一集。呆住了。沒等第二集開始便離開了劇場。我走著走著，在康城的沙灘上。……我只是不住的走，我有種想哭的衝動，卻又哭不出來。……我是為片中那個慧黠小孩枉死在冰潮下而傷感。

為了保持那種良好的、美妙的感覺，好讓它可以在我心裡植根、吸收、滋長，不讓它被干擾、驅散、污染，我決定那天不再看其他電影，不應酬任何一個的會。那是我僅能為它可以做的最卑微的事情。」

一九九六年在《讀書》上，劉小楓寫到：

「聽到基耶斯洛夫斯基去世的消息，我感到在思想世界裡失去了一位不可失去的生活同伴，心裡覺得好孤單。對一位同時代思想家的去世感到悲傷，在我是頭一次。」

二〇一六年，羅展鳳在《無常素描：追憶奇斯洛夫斯基》書中一開始就問道：

「為什麼會是波蘭？為什麼會是你？」

羅展鳳踏上波蘭，尋訪了華沙、洛茲、克拉科夫，她在K[1]的墓前呢喃道：

「奇斯洛夫斯基先生，請容我向你致謝，是你讓我懂得電影，懂得生命，是你讓我開始自己的電影音樂書寫，是你的作品讓我得著慰藉，好些難行的時候，都因為你的電影，路才好走一點。」

*　　*　　*

我是於一九九〇年底，台北金馬獎外語片展期間，走到西門町的電影院看了《愛情影片》。當時不知道導演是誰、會有什麼內容，只因爲這個標題，和一位女孩一同欣賞。當然，正如預想的那樣，沒有對此部影片留下任何的印象和感受。但是多年以後，經友人劉小楓的提醒，購得了五片年代發行的VHS錄影帶版的《十誡》，對K就像著了迷似的，從此認定，這是一系列可以供我在神學和信仰的問題進行反思的故事，一則則的故事，全是對「十誡」古老教條的翻新和詮釋。我前後一共買了六套，介紹給家鄉的朋友，並建議他們在教會團契小組中欣賞和討論。

一九九六年，台北金馬獎外語片展爲悼念K逝世，特別放映了他在《十誡》之前的多部影片，儘管我知道他後期的「三色」電影，比較受到國際注目，卻沒有因此催逼我去觀賞，我鐘愛的還是他的《十誡》。一九九七年，年代公司特別出版了影音光碟版的《十誡》，那個外殼是極爲精美的木盒，述說著這十部影集的價值和經典地位，算是對大師逝世的悼念。

爲了記念K，我於一九九七年中原大學的通識課程「人生哲學」設計內容時，就全以《十誡》爲觀賞和討論的內容。這也是我第一次在大學課堂上介紹並播放他的作品。爾後逐年，我再精進課程的內容，加了他於一九九五年接受丹麥電視台專訪的紀錄片《I'm So-So》，以及《影迷》和《機遇之歌》，再加上《藍》、《白》、《紅》「三色」電影，構成了一堂完整的課程。這是我對所熱愛的思想家作出的一點回饋。

每次播放《十誡》，片頭開始那幾段鋼琴鍵發出的聲音，就觸動了靈魂深處的不安，目光準備轉向於接下來K所要講述的故事，也準備迎接在華沙市那一棟再普通不過的大樓中，哪一戶人家又發生了什麼事情。我對同學說：「人生就是一則則的故事，要學習聽故事，也要學習講故事，這樣的人生才有詩意，也才有思想。」人生一切的內容全取決於如何講述生活的遭遇，並從中看到自己的位置和處境。

「人生哲學」這門課開了很多年，我陪同學一起看，並一同討論問題，也請他們以「三色」電影中的一個主題，作爲期末報告。二○○六年，爲趕上K逝世十週年紀念，我在《當代》雜誌寫了一篇介紹他的文章，之後向課堂的同學宣布，從此不再開授這門課，因爲打算寫關於K一系列作品的文章，直到完成出版的計畫，才會再重啓此課程。多年以後，我曾收到上過課的同學的電郵，向我提及他上過此課，並留下了難以抹滅的感動和印象。這是多麼令人欣慰的事啊，是我對K能做的最卑微的事，也是K認爲他拍攝這些影片最値得之處。

二〇一一年，我所構思討論K的系列文章，終於開始在《校園》雙月刊的專欄刊出，專欄名稱作「目光」。此專欄是應朱姐（惠慈）的催逼而不得不提筆的（也特此感念她），前後歷經四年，共寫了十一篇。前十篇針對《十誡》中的每一集各寫一篇，最後一篇是綜合性地討論「三色」電影，或說是自由、平等、博愛，這些文章收錄在本書後半部。另外，我又多寫了一些和《十誡》有關的隨筆和札記，一併收錄於本書前半部。二〇一六年，我終於趕上記念K逝世廿週年，於今年在校園書房出版社出版這一本書，向這一位我唯一鍾愛的「神學美學家」致意並表示悼念，算是完成了一樁承諾已久的心願，藉此也感念已離世的朱姐，這裡的文字有著她的身影。

《十誡》隨筆

2 臨界點

在K的葬禮上，致悼詞的神父約瑟夫・蒂施納（Josef Tischner）提及K的作品主要背景爲大屠殺集中營奧斯維辛（Auschwitz）：「他的鏡頭展現出一個被摧毀了的世界，不僅僅是物質上的，還有人類本身的。」

K的作品就是表現出這種深沉的憂鬱，是憂鬱而非絕望。所有行動的意義都不是我們可以理解的，它所指向的是事件本身以外的，即是影像無法呈現出來的部分，甚至我們觀眾也都不想看到的，但K告訴我們它是存在的，儘管它無法言說，但生活所有的臨界點都述說著這樣一件事：「可能性取決於限度」（the limitations define the possibilities）。他的同事常提及K喜歡計算自己用了多少膠片、還剩下多少，他總是著急於想知道自己還有多少可以用，以此來記錄時間，通過時間的臨界來叩問存在。這使我們可以理解何以他會喜歡莎士比亞、卡夫卡、杜斯妥也夫斯基的原由了吧。

喜歡K的作品的人們，總易於被扣上悲觀主義的標籤。換句話說，拒絕悲觀成了拒絕K的理由。然而，這一切都顯得過於簡化。事實上，K給人一種焦慮，卻又不失去神祕；爲我們帶來壓迫，卻又開啓了一種可能。人生的困境是現實的，卻可以經由這種侷限來暗示諸多的可能性；生活固然沉重，但對生命的叩問不應有所限制。這是K的精彩之處。

《十誡》隨筆

3 悼念一位古典大師「范．登．布登麥亞」

Krzysztof Kieslowski的漢語譯名，在兩岸三地都不同：奇士勞斯基（台）、奇斯洛夫斯基（港）、基耶斯洛夫斯基（中）。正如他的漢譯名字如此地分歧，也許也可以說K的名字像是一個虛構的人物，尤其對我而言更是，因爲我未曾見過他，僅僅是觀賞過他的作品來理解他，他的存在完全是以他留下來的「影像」來見證的。

K曾虛構過一位十九世紀荷蘭古典音樂家，名叫：「范．登．布登麥亞」（Van Den Budenmayer，在《十誡》之九曾出現過他的肖像）。另外，還有以他的名字和作品同時出現在《藍》的葬禮音樂上、又出版在

《紅》中唱片行試聽架上的CD等。

Budenmayer首次出現是在《十誡》之九中。據說，K原想用一首他所鍾意馬勒（Mahler）的音樂，但在波蘭卻找不到好的錄音版本，如果要重新錄音則又非常昂貴。大家就提議讓K的專用配樂師澤貝紐・普萊斯納（Zbigniew Preisner）試作不同的東西。後來，就在爲這個「作曲家」找名字時，他們便給了「他」一個荷蘭名字：Budenmayer。

曾經有記者問到：「奇士勞斯基先生，我們有個很正經的問題……究竟Budenmayer……」。Budenmayer不全是一位虛構的人物，K甚至爲他定了出生日期，起初是一九四一年，與Krzysztof同年，之後覺得，他不應該生於現代。普萊斯納還特別爲他作了一系列曲目的名字，曾經有一回，波蘭的一份報紙竟說K偷了Budenmayer的音樂。

說來好笑，我曾跑過歐洲的德國、法國、英國的音樂行，向店員遞上寫好名字的紙條，想購買這一位音樂家的作品，可是一直都找不到。最終才發現，「范・登・布登麥亞」實爲K和他的音樂友人普萊斯納共同虛構出來的人物。讓我覺得尷尬的是，我曾因爲力爭有這號人物，與音樂行的銷售員起過爭執。可見虛構是一種力量。

K形容普萊斯納的音樂有一種神奇的力量，可以將那存在卻無法看見的東西表達出來，特別是當樂聲揚起的那一刻，某種無法呈現的東西就呈現出來。因此，K說：「若沒有他的音樂，我將無法把故事說到這個程度。」影像的在場性（present）與音樂的不在場性（absent），在K和普萊斯納兩人的創作中，是如此深刻地交織在一起，彼此都無以取代。K提過，「范・登・布登麥亞」就是普萊斯納本人。

普萊斯納的音樂有一種來自於形上沉思後的靜候與哀慟。靜候，是對生命遭逢的一切，以一種虔誠的心對待；哀慟，是對生命的偶遇與宿命所引起的感傷。普萊斯納的哀慟和靜候都源於他所鍾愛的法國女性哲學家西蒙娜・薇依（Simone Weil）帶給他的啓迪：「熱愛上帝和不幸」，所以我們可以理解何以普萊斯納的作品會有如此豐富的形上元素。

薇依向我們揭示：生命的偶遇與宿命說明了我們對於面向的事物，只能是無能爲力的。這是不幸，但人卻在此不幸中感受到某種不幸以外的東西，這即是上帝。「當上帝在愛中顯現為可見時，這是其他東西而非上帝顯現。上帝只寓於神祕之中。」「基督教的偉大源於它並不尋求某種超自然的藥劑來治療痛苦，而是超自然地利用痛苦。」

普萊斯納之所以可以如此深刻地透過不可見的樂聲，呈現出K的影像中無法呈現的，正是源於薇依的睿見和哲思：「若他不經歷不幸和死亡，人就不可能懂得必然性和世界秩序包含著上帝之愛。然而，不幸也可能殺人，而不是通過超自然成為靈魂入侵者；赤裸的靈魂被不幸觸及時，這是悲劇和不可取代的時刻。」

因此，我們可以明白何以K的作品總給人有這麼一種無法抗拒的神祕性，那些神祕性恰好是不呈現的，就在普萊斯納的音符中，沒有這位古典樂派最後一位大師——Van Den Budenmayer——的神聖時刻的入侵，恐怕K就失去了使其作品成爲偉大的元素。

生命的不幸實爲與上帝相遇的一種方式，在偶遇中是靈魂一次的洗禮，留下了難以抹去的創傷，靈魂也只能帶著創傷進入愛。在K的電影《藍》中，最能刻畫出這樣的主題。K突然的離世，Van Den Budenmayer就此結束了他一生的偉大創作的泉源，普萊斯納無不哀傷地向這位早逝的靈魂譜上安魂曲（也是對「另一位」自己的哀悼），恐怕一切都如K和普萊斯納之間存在著如此神奇的互動一樣。Van Den Budenmayer成了他們兩人的靈魂：*The Double Life of Kieslowski*。一個Van Den Budenmayer已經離去，另一個Van Den Budenmayer也只能面向此不幸，繼續活著，在活著之中，依然感受到那種失去——無法言表的失去。

令人不勝唏嘘的是，K的葬禮上所用的音樂，這段音樂原是《藍》的女主角茱莉躺在醫院病床時，觀看由小型影視播放機播放著先生和女兒葬禮的錄影時的那一段旋律。這首哀傷的樂曲，宛如普萊斯納預先給K譜寫的送葬曲。

K逝世兩年後，普萊斯納爲這位早辭的好友譜寫了一部大型的「安魂曲」（*Requiem for my friend*）。這部安魂曲分成兩部分，第一部分是悼念死者，第二部分是安慰生者。這正是安魂曲的兩個意義。第一部分名爲「安魂曲」，第二部分名爲「生命」，共有十八個樂章，前九個樂章依照傳統安魂曲經文歌詞所譜成，後半也是九個樂章，分別採用了聖經啓示錄等段落的經文，樂章名稱如下：

第一部分　安魂曲

1. 奉獻

2. 上主垂憐經

17. 垂淚之日

後跋：

18. 祈禱文

啊，垂淚與哀悼之日
從返回大地的灰燼中
人必須準備好面對審判
寬恕吧！上帝，在你的憐憫中寬恕他
在耶穌完全慈愛的祝福
允許在你那裡得到永遠的安息

——Zbigniew Preisner,
Requiem for my friend (1998)

《十誡》隨筆

4 偶遇

託友人從港帶來了一本小書，今天於南下的高鐵上，一口氣讀完了，心裡激起了諸多的衝動，今夏一定要到波蘭一趟，獻上一束鮮花給這位逝世了廿年的朋友，以示悼念。

事實上，三月十三日在台北聽了一位影評人對K的談論，心裡感到很失落，他完全沒有提到K何以令人感動的理由，盡述一些瑣碎的回憶，嘮叨自己如何如何接觸K的種種。所幸，這本《無常素描：追憶奇斯洛夫斯基》慰藉了我的那份失落。找到了一本把K說得那麼感人的作品，這之於我，還眞是頭一次。作者羅展鳳的深情，終於使我找回了那份感動，補償了之前的失落。

讀羅展鳳的文字，我確定她眞的非常愛K，甚至說，是K讓她的生命變得不一樣，對K死心塌地，理由是如此地神聖。眞的，在這世上，有多少人會讓我們感到生命因此而不一樣。作者公開地向K說：「謝謝你」，並安排自己去到波蘭，親自走訪K的生命足跡。廿年，這一本書是她一次朝聖之旅的記述，即完成她的心願，也是她對K的哀悼。

*The Sketch of Impermanence: Remembering Kieslowski*是這本書的英文書名，每一篇文章都以稱K爲「你」，作者像是一位戀人般地述說著K種種的好，K說過的話、做過的事，甚至舉手投足，都以追憶的方式來述說對他的一往情深。

羅展鳳親訪波蘭，是朝聖，也是尋訪自己，宛如自己的靈魂曾流浪於華沙等地，記憶的碎片把一張完整的臉譜拼湊起來，如此親切和眞實。謝謝這本書帶來的感動。

當這本書到我手上時，我理應把書錢交給友人的，但友人堅決拒收，我也沒有勉強，並不客氣地收下了。託人買書又沒付錢是很不禮貌的，但如今回想起來，這本書以一種禮物般的方式接收過來，更增添了與K談話的一段故事：

K，那天走出演講廳真的很失落，這張得來不易的入場券，是一位提早排隊的學生贈予我的，而他自己則因為沒有位子就先行離去。學生知道我喜歡你，尤其三月十三日正是你的忌日，這一天無論如何都要做一些能激起對你回憶的事吧。

也許是他真的知道我心裡的感受。回到家，他給我發了一個簡訊，告知我有這麼一本小書是關於你的。於是，我就搜尋，心裡衝動地想買下這一本港版書來一讀。正巧友人訪台，我請託她代為尋訪，實際上時間很倉促，因為後天她就要上飛機了。真幸運啊，她托另一位友人在學校的書店找，竟然買到了。就這樣，這本書限時空運來台，拿到書的那天，我並未急著打開來看，因為那天在餐桌上，大家正說些別的事。有一本書，《死亡神學》，才是我們談話的焦點（我將出版關於你的作品之書，與此書都是同一個出版社，同一位編者，這麼神祕的事，只要與K有關，都有可能）。

啊，「死亡」，對啊，這是對你的哀悼。廿年過去，你未曾離開過我的思緒，多麼哀傷啊。你離開時僅有五十五歲，我那年正陷於博士論文的撰寫而苦思中。

一直以來，我都想到華沙去，在你的墓前靜默，但都沒有下定決心。我想，今年一定要去，在你的墓前，如諸多受你感動人一樣，也向你説一聲：「謝謝」。如果我一生中有哪一件事上只愛過一個人，那就是你，在你的電影裡。這對我是難以想像的，因為不論在哲學、神學、音樂、繪畫等領域，我未曾如此死心塌地，只喜歡一個人的作品，在電影方面卻是例外。當然，是因為你，是你的作品，與你既熟悉又陌生。有幸認識你，並在你的年代中感受過歷史與生命的艱難，是何其有幸又何其沉重啊。

寫於二〇一六年受難節前

《十誡》隨筆

5 在波蘭，追憶K鏡頭下的……

電影鏡頭捕捉到的影像，就像是記憶一樣，可以反覆地被想起。

思念一個人，就是在記憶中再現與他曾經有過的種種，這些印象需要追憶，重新賦予它意義。通過回憶，它真正想述說的，正是存在於彼此之間隱密的、深厚的感情交往。儘管它看起來是單向的，卻也是眞誠的。

我對K的回憶，即是如此，宛如一種單向的情感，像是一位讀者如何痴醉著那麼心儀的作者，儘管作者已不在人世或終未有機會見面，但藉由他的作品，不斷地取得了聯繫。看來這份感情仍然是正當的，也是眞實的，於是我踏上這一趟波蘭的旅程。

華沙

這是一個被畫分作東歐的城市。我在歐洲多處旅遊，除了去過同屬據稱之作東歐的布拉格，卻一直不敢涉足波蘭。一來是語言不通，另一個原因恐怕是對於曾是共黨國家的地方，總存在著一種陌生感，認爲他們相對封閉，不論在民族、歷史、地緣上，都易生危險。就像我那年去莫斯科被紅場的警察搶劫，那種心有餘悸的經驗，心中的害怕實在難以消除，要我再去莫斯科一次，大概替我付機票、包旅店，也難以令我心動。

我對波蘭的記憶，起源於少年時經常在新聞報導上聽聞到「波蘭團結工聯」（Solidarity）以及他的領導人「華勒沙」（Lech Walesa）的名字。上個世紀八〇年代初，波蘭對抗共黨統治的運動正如火如荼展開中，華勒沙嘴上那兩撇鬍子，給人留下深刻的印象。因此，波蘭對我而言，像是一個工人運動火熱、共黨勢力強大的地方。一九八五年夏天，我離鄉赴台，在報禁的台灣就從此聽不到關於共黨東歐的消息了，直到台灣反抗運動開始，正逢米蘭．昆德拉（Milian Kundra）的小說《生命中不能承受之輕》譯本出版，且改編成電影，加上台灣反抗運動四起，輿論界挑起了「布拉格之春」，才再度引發了我對東歐的興趣。多年以後，聽聞發生了「蘇東波事件」，就再也沒有更多關於波蘭的印象了。

我通常提及與波蘭相關的地方並不是華沙，而是奧斯維辛。阿多諾（Theodor W. Adorno）曾言：「奧斯維辛之後，寫詩是一種野蠻。」奧斯維辛，這個震撼過我的名字，在我學習批判理論時，成了一個述說工具理性宰制或物化最極端的例證，成了我在神學和哲學的課堂上總會述及的一個地方。它在所有納粹打造的集中營中，是最大的一個，並在地圖上可以指認出它鄰近於著名的中世紀城市克拉科夫（Kraków），但我所知的就是這些而已。事實上，很早就想過去奧斯維辛集中營走一趟，但對我而言，它似乎和波蘭沒有什麼關係，在空間和地理位置上與德國納粹和猶太人遭遇大屠殺比較相關。

我曾想到奧斯維辛一遊，卻未曾想過去華沙。後者在印象中似乎沒有著名的博物館或歷史建築，除了蕭邦，就想不起有哪一位文化名人了。然而，這個改變卻是因爲K——只爲了到K的墓前悼念他。而且，正逢他逝世廿年之際，以及爲了一本即將出版關於他的書。華沙，我來了，是爲了一個立起了廿年的墓碑而來，爲了那一本即將出版的書先向K致意。

在我印象中的歐洲人，主要都是源自於一個個夙負盛名的哲學家、詩人、音樂家、神學家，卻完全沒有機會見識到一般在歐洲生活的人們。接觸到K的影片，才使我眞正進入歐洲人（尤其是波蘭人）生活影像的開始。他們的語言、生活的環境、人生的遭遇和故事、街景空間等等，主要都是從影像中獲知的。來到華沙這個城市，自己內心感覺好像到過這裡──我指的當然是出現在影片中那些人物與空間。對我而言，他們眞實地存在過，有種相識感，我對他們的遭遇是有感受的；甚至，我還想談論他們，講述他們的故事，就像朋友一般。當然，我也想談論他們置身的這個城市，因爲他們就生活在這裡。

語言

「Dzień dobry」（早安），這是我走進波蘭國境，在機場的便利店買飲料時，第一句進入我耳中的話語。立即，我想到《十誡》之六中的男主角，他身爲郵局職員的問候語。這句話聽起來就好像「聖誕鐘聲」（Jingle Bell），容易記，亦容易說出來，用作打招呼，非常受用。另外，比較常聽見且熟悉的波蘭語還有：Do widzenia（再見），tak（是的），nie（不是）。

我聽到最多波蘭語的機會，即是在K的影片中，尤其是《十誡》。K之後的作品《雙面維若妮卡》（其中一位女主角即是在克拉克夫的波蘭女孩）或「三色」電影主要是法語之作。這趟旅行，在克拉科夫買了最新版的《十誡》DVD，只有波蘭語發音，加上全是波蘭文的字幕，沒有機會依賴中文或英文字幕。這回將DVD帶回台灣，得要全部沉浸於波蘭語的情境中了，至少《十誡》影集我已看過了無數遍，儘管不懂波蘭文，卻也可以簡單地把握到對話內容，算得上聽得懂，因為意思並不難猜。

K對波蘭的感情非常深，就連病重了都選擇回到波蘭就醫，但這與愛國主義無關。有次他被記者問到：「你在西方的那段時間裡最懷念什麼？」K回答說：「在外邊不論拍片與否，我都像個異鄉人，我在外邊，從不快樂，常想回家。」病重回家鄉就醫，就此死在華沙的醫院病床上。儘管K步上了國際影壇，但他在各種場合上的發言仍是使用波蘭語，包括他在法國拍片現場，仍必須依賴翻譯。可想而知，在這種情況下，兩年內完成三部大型作品（「三色」在兩年內完成，眞是要命），眞是不可思議。

我在華沙中央車站排隊購票時，背後傳來了一句熟悉的叫聲。回頭一看，原來是一位母親在呼喚女兒，她女兒的名字就叫Anka（安卡）。這個名字在波蘭很普遍，在K的作品中，叫Anka的女孩有好幾位。那時我回頭望著那個小女孩，有種親切感。她向我微笑，這讓我很驚訝，因爲在K的作品中，Anka都不是很快樂的（經友人查詢，Anka即是我們一般熟悉的Hanna）。

公寓大樓

洛茲（*Łódź*），在波蘭語的發音，更接近於「烏茲」。

這個小城鎭上的麥當勞，以在地化廣告的方式突顯這個城市的特色。這是一個「電影的城市」（Cinema City）。會得知這個城市，完全是因爲K，若不是他，我不僅不會涉足於此，這個城市的名字更不會出現在我的文字或口語中，只因爲K曾在這個城市裡最著名的電影學院就讀過，只因爲他的作品中有一部就名爲《洛茲小城》。藉著安排去克拉科夫的途中，路經此地，利用半天時間，走訪這個電影史上極富盛名的電影學院。

洛茲確實是一個極爲普通的城市，沒有什麼著名的歷史建築，是一個十足現代的城市，無怪乎名導演羅曼・波蘭斯基（Roman Polanski）形容它毫無迷人之處。洛茲電影學院最富盛名的，絕對不是K。這間歐洲極富盛名的電影學院出過不少國際級的大導演，K並不是最有名的一位，安德烈・華依達（Andrzej Wajda）或波蘭斯基與這所學校的關係更爲緊密，這是這所學校的職員和學生們異口同聲地向我表述的。

走進電影學院，從海報和行政人員那裡可以感受到，K不過曾經是這裡的學生，他與這學院的關係不算很深，因此根本不可能在這個學校，找到任何與K相關或具代表性的東西。不過幸運的是，我在這個學校裡的小型販賣部買到兩本書：*The World According to Kieslowski*和*Kieślowski - ważne, żeby iść...*。至少人們不可能完全遺忘這一位曾在這裡學習的校友。

從火車站坐輕軌列車途中，沿途見到的都是一棟棟的公寓大樓，這正是K的影片場景中最簡單卻又是最重要的布景。看似普通不過的住宅大樓，似乎K在這的學習，就已經敏感於在這個工業城市生活的人們，回到家後獨自面對的問題會是什麼。這些疑問使他回到華沙後更爲深切，也許華沙具有的歷史記憶是洛茲所沒有的，但同樣都是城市化或工業化後形成的住宅空間。無論在哪，必定是深藏著無數令人感到困難的故事，每個人的故事卻因為這種城市空間所造成的疏離，無情地被隱藏起來。然而，越是不為外人所道的，越是令K感到好奇，因為它代表某種真實被隱蔽了。更確切說法是，這些人都在默默地或孤獨地面對生活的困難，掙扎於生死的邊界。

有趣的是，《十誡》中的故事人物（醫生、教授、司機、交響樂團團員、集郵老先生），絕大多數都住在同一棟公寓大樓中，有的曾經相遇，有的幾乎不曾碰面，更不要說打招乎，或寒暄幾句。生活在一個社區甚至是同一棟樓，對方的家庭背景或發生過什麼事，都不可能去過問或主動關心。甚至，還可能因為某些極一般的理由而交惡。這即是公寓大樓令人玩味之地方。

K鏡頭之下的人們就生活在這個空間之中。每個人都可能有著不為人所知的故事，重點是，這些故事都是真實的，隔壁或同棟大樓的鄰居不一定知道，宛如沒發生過任何事一樣，但當事者卻是心力交瘁、苦於掙扎。現代建築空間不僅將我們封閉起來，同時加重了我們的負荷，至少要是沒有人問起，我們也只能關起門來，孤單地獨自流淚、哭泣。

K把鏡頭帶到封閉的公寓大樓內，向我們揭示每一則眞實的故事。

臉孔

波蘭人有著一副怎樣的臉孔？

很遺憾，我完全沒有機會見到K的眞面目。也許是生不逢時，又或者，連最基本的機會或場合也是不可能的吧，尤其自己並不是追星族。對於K的樣子，全來自於書籍印刷、海報或目前網頁上所留下的影像。當然，從那些來自影帶中他接受訪問時的影像，我對K總體的感覺是，他是很容易親近的人。雖然並不常見到他臉上有微笑的表情，即便他的身材比較高大，但總是可以低著頭，用他低沉的聲音、緩慢的語調，來與他的訪問者親切地談話，那種眞誠還是以感受到得到的。

一般對K的印象，大家一定會留意到他總是手上拿著一根菸。可見，菸不離手已成了他給人最爲直接的印象。手上的香菸可以是作爲凝聚思緒之用，表達他在燃燒著自己的生命，後者的意思包括兩個，一是總是拼命的工作，一則是正在危害著自己的生命。許多K的海報及照片，都是他以右手托著臉，手指間緊挾著一根正在燃燒的香菸。這個形像對我而言，就像是羅丹那座沉思者的雕塑，身體宛如無法完全支撐起過重的腦袋，故必須再藉由手腕托著。加上那根已點燃的香菸，似乎就是說明他不間斷地工作，並對他的作品不斷地運思，因爲人們見到他或是訪問他的時候，都是他正在拍攝或是談論著他的作品。所以，K的生命與他的形像一致。如果抽菸宛如毀滅自己，無疑地，他是以全神貫注的方式投入於他的電影中，每一刻都是一種燃燒，一種將自己沉浸於對作品中的人物及其遭遇的探尋中。這樣一位波蘭人，正如我少年時在新聞中見到的工人運動代表人物華勒沙一樣，以一種看似冷酷，實際上是以沉著的方式表現自己。因此，他不是一張無表情的臉，而是將激情拉回到腦袋裡，並訴諸於故事人物的角色之中。

也許，每個民族確實都有著一張獨特的臉孔，可與其他民族有所區別。儘管臉孔沒有像膚色那般明顯，但臉孔與身俱來的神韻，似乎難以抹去。臉是一種肉身，但它表現的卻是一種超越，一種不斷可被它吸引或我們無法對它窮述的肉身。所以，身體不僅是物質性的肉身，還是歷史的承載體，就像人們常說歲月留在人的臉上一樣。如果用K的電影風格來述說，那就是生命的敘事，每張臉孔都是無法取代的，也是深不可測的。

波蘭的地理位置介於歐洲的核心地帶，也介於西歐和俄國斯拉夫民族之間，波蘭人的這張臉，適中而不極端，拿捏於沉著與表現之間。K的那張臉，很能代表波蘭人。

猶太人

《十誡》之八的故事背景，即是與波蘭猶太人遭遇大屠殺的歷史悲劇有關。K獨具慧眼地談論大時代下的一個簡單又嚴肅的倫理問題：「合理的說謊是被允許的嗎？」謊言，它不是一個簡單的倫理議題，最嚴重的情況是會危害到他人的生命。

故事中的小女孩是一位險遭送往集中營就此結束生命的角色。這個故事絕對不是個案，應該說，在這樣險峻的戰亂時期，人性的軟弱尤其明顯，當然，也理應予以諒解。但是，K顯然挑起了波蘭以至於整個歐洲難辭其咎的歷史原罪。波蘭在二戰期間的歷史，與猶太人的悲慘命運，基本上是沒有辦法分開的，多少生命的痛苦，都在說謊與否的剎那之間。

猶太人在波蘭的生存歷史非常長久，人口也相當龐大。中世紀時期各種基督徒與猶太人之間的矛盾和互動歷史，在波蘭是相當曲折和複雜多變的，但終究基督徒與猶太人在波蘭的生活還算和諧。例如，克拉科夫這樣的中世紀古老城市，老城區是以基督徒爲主，其鄰邊就是猶太社區，從會堂堂數眾多和墓園占地之廣來判斷，應可以說明猶太人在波蘭境內的處理算得上是相對平靜的。

也許，現實的猶太人在一般歐洲人的眼中看來，不是貪小便宜，就是拜金主義者，正如許多嘲諷猶太商人的漫畫所刻畫出的那副模樣，對猶太人不太有好感。《十誡》之十的故事一開始，那位死去的老先生，就是一位看來執著又吝嗇的猶太人。他曾在《十誡》之八中短暫出現過，是一位集郵狂熱者，外表穿得寒酸，十足猶太人般的斤斤計較。又正如《十誡》之十有一段對白提到這位老先生，儘管他的生活看來不可理喻，但他還是值得令人尊敬的。

K很少在公開訪問時被人問及關於戰時波蘭猶太人的事蹟。K自己也似乎在作品中很少觸及猶太人的問題。K的作品不是對歷史的敘事，因此他沒有特意去觸及發生在波蘭的猶太人故事。事實上，《十誡》之八正是綜合了歷史記憶與人性的問題。換言之，K深刻地向我們表示，猶太人的問題即是人性的問題。再者，十誡不正源於猶太的誡命嗎？因此，對我而言，再清楚不過的是，在K的影片中生活著的波蘭人，不是地理位置或民族意義的波蘭人，他們實際上就是一個個面對眞實掙扎的人，不論是猶太人與否，每一個人都會在可怕或關鍵的時刻，就「理由正當是否就不算是說謊」這麼看似簡單且易於回答的問題，而陷於生死邊緣。

華沙的波蘭猶太博物館內，展示內容非常精彩。該館還榮獲二〇一六年歐洲最佳博物館的殊榮。當然，其歷史意義使這個國家與歐洲猶太人的歷史有著複雜的情節，這也可以明白何以最大的集中營就建在波蘭境內，且是選擇了一個猶太人集結最密集的城市克拉科夫的附近。總之，正如《十誡》之八的故事所顯示的，對二戰後的整個歐洲來說，談論猶太人的問題都是一件非常尷尬的事。

曾有人問我K是否也是一位猶太人，我不知道答案。但是，K親口說過他是天主教徒，這一點倒是可以確定的。

記憶不易抹除，且又如此似曾相似

地下行人穿越道

《白》中走路無路的男主角卡洛，在此遇到了他的波蘭同鄉，從此扭轉了他的人生，重燃生命的鬥志。

中央車站

《十誡》之三中，男主角司機雅努茨，開車把女主角艾娃帶到中央車站，去找艾娃宣稱走失了的丈夫。

公車

《十誡》之六中的關鍵時刻，男、女主角多米克與瑪格達趕上了公車，因而來到瑪格達的公寓，結果引來了致命的殺機。

《十誡》之一中，小男孩波威放學後，與姑姑坐公車回家。

隧道口

《十誡》之三中，男主角雅努茨超速開車，在隧道中奔馳，險些與迎面而來的電車相撞。

《十誡》之八中，女教授蘇菲亞開車途經隧道，帶伊莉莎白去找那一位曾伸出援手的恩人。

廣場天橋

《十誡》之五中，男主角傑克在天橋上惡作劇，將石頭推到橋下，而橋下都是正在快速行駛的車輛，結果釀成車禍。

小孩

《十誡》之五中的男主角傑克，在一家咖啡廳看到窗戶外的小女孩，並向她們彈射咖啡渣，逗她們玩。

《十誡》之九中，男主角羅曼注視著窗外正在嬉戲的小女孩，對自己與妻子的感情若有所思。

鴿子

《十誡》之一的開始，是一隻鴿子飛到窗戶來，小男孩波威隔著窗戶看鴿子的純眞模樣。

《十誡》之五的男主角傑克在廣場上，無理地趕走正準備來叼食的鴿子，被那位正在餵食鴿子的老婆婆咒罵爲人渣。

《十誡》札記

1 缺席的臨在

奇士勞斯基說到：「人們總是問：我們是如何下決定的。很明顯，這是一個可怕的問題！但是，真實的情況是我幾乎不知道，同樣他也不知道。可能空氣中有種可見物吧。我們生活在困難的時代，在波蘭任何事情都是異常混亂。再也沒有人真正知道什麼是對、什麼是錯，甚至都不知道為什麼我們還在繼續生活。我們認為也許我們值得回到那種指導人們生活的最簡單、最基本、最重要的原則中去。」

奇士勞斯基自稱是一個不可知論者，然而，當他觸及倫理的問題的時候，又是如此地敏感，以至於他不得不承認這世界存在著神祕的事物，這些事物都深深地觸動著我們的靈魂，使我們不得不對這神祕事物表達一些反應，或採取某些態度。

在《十誡》之一的開場畫面裡，有一位神祕人士在這時就出現，也就是在科學家的兒子淹死的小湖邊，他在火堆旁烘手。實際上，他對著鏡頭只有幾秒鐘，但表情卻神祕得可怕，摻雜著不祥和失望（長長的笛聲吹起，顫抖、不安，加深了神祕性，聽起來亦宛如哭訴）。事實上，他是最後階段才被寫入劇本的。除了兩部影片外，這位「沉默的見證人」也在《十誡》影集的其他片中出現，這引起了人們的好奇，他可能代表誰：是命運的天使、上帝，還是奇士勞斯基自己？這位人士在《十誡》影集中經常出現，只有兩集缺席，但由於他曾在別集中出現，他的缺席並非眞正的缺席，人們反而會問，他怎麼沒有在這一集出現呢？

《十誡》影集中經常出現這樣的時刻：預兆、明鏡似的情景，重複的姿勢，情節的轉折，它們不斷地轉換著人們的期望和同情，要求承認命運在生活中玩弄的把戲，但奇士勞斯基避免爲人物的困境和平庸說教。作爲一個不帶偏見的觀察者，人們指責他過去的影片比較平淡，他曾經承認他的所有電影就像是在室內製作的。在《十誡》裡，他對所有的人保持同情，他認爲自己的立場是站在人道主義者這一邊的。

《十誡》之一的小男孩問他的姑姑：「上帝是誰？」姑姑抱著男孩問他感覺到什麼，他說：「愛」。她回答道：「對極了，這就是上帝所在之處。」另一個例子是在《十誡》之八裡，那位倫理學教授被問到：「是誰，到底是誰判定人類的行動？」她回答：「他，是他，他就在我們當中，我不去教堂，從不使用『上帝』這個詞。但你們可以不使用這個詞而有信仰地生活。」

「十誡」源於聖經，奇士勞斯基以敘事而非教條的方式來談論它，透過了現代人的倫理困境重新思考上帝的問題。儘管上帝經由教會從社會生活中退去，但並不意味著人們不再關心上帝的問題，《十誡》之一就直指問題的核心，質疑現代社會對上帝的拒絕是否眞的成功；或者，正因爲我們永不可能不面對死亡和愛，上帝就隱身於死亡和愛之中。宗教難免落入教條之中，我們生活的科技已取代了宗教過往那般的影響力，但是，由於死亡和愛的問題依然牢不可破的神祕或無法解釋，也就始終爲上帝預留著一席位子，逼使人不得不面向上帝，雖然更多是帶著控訴和懷疑的。

經由控訴和懷疑，《十誡》不斷地將我們引向倫理上的進退維谷之中，揭示了我們不願面對或不想知道的事實，因為這些事實總是困擾著我們。它們除了令我們感到無能為力，更進一步地，要我們向所有的弱者予以更多同情的了解。

上帝的缺席是一種臨在的方式，上帝以弱者的姿態與人相遇，正如《十誡》之一最為經典的一個畫面（日本發行的《十誡》DVD，就採用了此一畫面作為影集的封面）：聖像畫中的聖母也留下了眼淚，她並非同情故事中這一位喪子的父親，她反倒想要表達的是：「我和你一樣，我的兒子在我眼前失去，我眼睜睜地看著，一點辦法都沒有，他就在我眼前死去，這是我要告訴你的故事。」

《十誡》札記

2 傾聽的敘事

對電影的談論並不是關於電影的理論，而是關於由電影所衍生出來的種種問題，這些問題之間形成互為參照、彼此交織的關係。

電影是我們目前生活中最為深刻的書寫或文本之一，那些從電影中所引起的關注，已遠遠地超過了對電影自身元素的關注，把著眼點拓展到超出膠卷所限定的範圍。因此，要理解什麼是電影，不再是影評人的事，電影已為我們打開了各種視野，包括文化、哲（神）學、政治等等。這是近年來電影理論發展和變化最為明顯的一個跡象。

電影作為一種文本，它指的是由這樣的文本所引伸出種種概念以及相互交織的關係，它的範疇包括了電影本身、觀看電影、社會和文化語境，以及詮釋言說和系統，它的重點即在於生產出一種可運作的意義。

儘管電影最初即源於一種「凝視」的活動，但拉康（Lacan）則告訴我們：「我們看到某種東西並不是我們想看到東西。」奇士勞斯基即是拍攝出來那些存在但人們卻又視而不見的東西，這個東西即是《十誡》中最爲核心的元素——「命運」。

「命運」是指一種人們面對發生的事情，不是我們可以選擇或是拒絕的，甚至是無法理解或解釋的。正是這個元素使我們感到奇士勞斯基作品中的悲觀色彩，也因爲這個元素，使他的作品帶來一種神祕感。《十誡》把人生命中極具張力的遭遇透過敘事的方式帶到我們眼前。與其說是「命運」，我更願意將之理解爲一種「偶遇」，因爲奇士勞斯基所表達的並不是神話，而是生活，正是這個元素，使生命存在變成了一種「驚喜」，當然，它也經常以一種在我們可以控制或預期之外的「驚慌」。生命中處處可以感受到驚喜和驚慌，這種遭遇可以將之述說成是上帝給予我們的，讓我們感到無可抗拒又必須妥協。

對聖經傳統或猶太人而言，影像是一種禁忌，它是只屬於上帝才有的位置。因此，導演所處理的位置在這個意義上即是一種僭越，他所創造出來的影像也就近乎褻瀆上帝，因爲他嘗試在一種只有上帝才有的高度來闡發或引導所有事物的發展。導演宛如有一雙上帝的眼睛，他看清楚了所有故事情結中那些人物所不知曉的事，甚至也是透過了他的安排來決定事物的結果，包括故事人物的死去。

聖經的神學從來就是一種敘事的神學，從集體的敘事到個體的敘事，這些敘事都是以回憶的方式來呈現的。換句話說，講故事的人都有一種回憶的手法，回憶即是詮釋，說者與聽者在此時此刻召喚敘事中的意義。奇士勞斯基的電影敘事再現爲一種源於聖經的結構，在拍片與觀賞、看與被看、主體與客體、感覺與賦予意義、眼前與離開之間形成了一種意義的場域，將人帶入到一種敘事的時空之中，以激化出一種對生活的沉思，回應生活可能遭遇的變化。

敘事是一種發生在當下的事件，它是一種說故事的方式，述說過去，也述說將來；奇士勞斯基的《十誡》述說著「應該如何」，也參照著「曾經如何」，接下來即是「可能如何」。事實上，人們面對「應該如何」總是無能爲力的，這正好說明我們任何的選擇都是困難，因爲我們完全不知道其結果會如何，儘管存在曾經相似的情形，但敘事即是個別的事件，幾近無法複製，所以十誡作爲一種教條，即是令人不知如何是好。

奇士勞斯基的《十誡》，重新將我們置於傾聽和說話的能力之中，所以《十誡》不是一種在電影上的借題發揮。奇士勞斯基打動我們之處，就在於必須誠實地面對生命、面向生活，十誡即是源於一種來自生活中對生命所產生的敬畏，這是在以天主教爲背景的波蘭社會既熟悉又陌生的核心價值。

《十誡》必然是一種帶有神學意味的書寫，它的文本則是回應了上帝作爲對生活的指引或安排的意義。奇士勞斯基以影像來再現教條性的「十誡」，他將目光投向於生活，投向每一個人都可能會面對的遭遇，這些人們就在你我的身邊。所以，《十誡》的故事都發生在一個共同的社區大樓，不管是熟悉或不熟悉的人，不管是在這棟大樓裡擦身而過的或是關起門來充耳不聞的事，這些都是眞實存在的，它們不是神祕，而是日常。我們未必遭逢類似他們遇到的事，但對某些人而言，卻是極爲沉重的。

《十誡》並不是禁止我們做出任何判斷，而是激起對生命的熱愛，因爲十誡對現代人而言，總結出一個尖銳的處境：「冷漠」。生活陷於「冷漠」正是奇士勞斯基嘗試用生活的敘事來撞擊的，因此，他對十誡的詮釋就是一個「愛」字。這是奇士勞斯基的作品之所以偉大的理由，他在那種被外界冠以悲觀主義或道德焦慮的標籤下，真正要表達的即是「愛」。律法的總結就是「愛」。

這是一個越來越缺乏敘事的年代，這並不是指我們的生命或周遭不再有故事，而是我們缺乏說故事的能力。真實的生命即在於可以透過敘事的方式來表達或理解，生活無力的原因在於說話無力，說話無力源於無力傾聽，傾聽無力源於敘事的蒼白。

奇士勞斯基洞悉到現代人類的困境還不在於道德的兩難，而在於缺乏關愛，那些原來具有生命力的宗教也失去了吸引力，理由就在於缺乏使生命仍帶有激情的理由。可見，信仰要有熱情，就必須找回神學的敘事能力，從傾聽開始，再經由說話的方式來表達，以此來回應上帝，回應在死亡與愛中向人昭示祂自己的上帝。

《十誡》札記

3 事件的交會

拉康：「接近真實的一切途徑，都是一次關於相遇的秩序。」

巴迪歐（Alain Badiou）：「獨特的真理都根源於一次事件。某事件必須發生，這樣才能有新的事物。甚至，在我們的個人生活裡，也必須有一次相遇，必然有沒有經過深思熟慮、不可預見或難以控制的事情發生，必然有僅僅是偶然的突破。」

《十誡》可以說是十次無獨有偶的事件（事件就是無獨有偶，此話似乎多餘）。這些事件與眞理有關，涉及死亡、科學、愛情、自由、義務、親情、家庭、婚姻、性、嗜好、正義等。奇士勞斯基將我們侷限在一個社區裡，幾座建築物內，透過任一扇緊閉的窗戶看進去，劇中的人物也許為了借鹽、借糖，在敲門、在電梯內相遇，透過這些擦身而過的場景，使劇中人物進入觀眾的記憶。他們微笑點頭的背後，都是我們無法深測的人性情感中的悲傷和無助。每一天，發生在日常生活中的事件向我們提出了質疑，顯而易見的，這些答案不可能獲得立即的回答，卻值得我們深思。奇士勞斯基刻畫的事件向我們招手，向我們發出邀請，邀請一同去探索在複雜和多變的生活中，那些屬於眞理的部分。

《十誡》影集的拍攝，是奇士勞斯基與律師皮西雅維茲（Piesiewicz）相遇的結果。此一相遇本身即是一次事件。皮西雅維茲說，他當初投入電影，是受到奇士勞斯基的邀請。奇士勞斯基說，皮西雅維茲的律師經歷最具有個性，且最富於戲劇性，由他來完成劇本的撰寫最為合適，因此主要是他出主意叫皮西雅維茲圍繞著波蘭的戒嚴氣氛著筆，寫下他們周圍現實給予的切身感受，於是拍成了《無休無止》。之後他們再合作，於十二個月內完成《十誡》劇本的內容。

《無休無止》可以說是一部具有濃郁宗教色彩的影片，這種風格後來就繼續反映在《十誡》上。《無休無止》在波蘭引起了強烈的反響，奇士勞斯基回憶說：

「官方憎恨它，反對者批評影片中悲觀主義傾向，教會反對自殺和女主角在影片裡幾次未穿胸罩和一次未穿內衣。一次，我在街上偶然遇見皮西雅維茲，我們都很沮喪。天下著雨，我丟了一支手套。後來他突然轉過來對我說：『應該有人拍《十誡》，那人就是你』。」

作爲一名律師，皮西雅維茲在處理法律事件中聽過無數眞實的故事，每一則故事都是一個個人親身遭遇的，內心痛斥的表白，無不要求正義的申張。奇士勞斯基描述皮西雅維茲是一位感情豐富的人，他有許多空餘時間，加上其豐富的人生歷練，對人生有過深思熟慮。奇士勞斯基和皮西雅維茲共同意識到，他們正生活在困難的時代，在波蘭任何事都是異常混亂。再也沒有人眞正知道什麼是對，什麼是錯，甚至都不知道爲什麼人們還在繼續生活。於是他們認爲，也許可以考慮回到那種指導人們生活的最簡單、最基本、最重要的原則。他們花了許多時間盡可能地多閱讀《舊約》和《新約》，但他們最後決定應避開說教，回到生活，在公眾的幻想破滅、社會墮落成一個冷漠的社會中，尋找可茲作爲思考的素材。奇士勞斯基告訴我們，杜斯妥也夫斯基、湯瑪斯・曼、卡夫卡和卡繆這四人的名字，並提過他是從這些人的作品中來拍攝影片的。

奇士勞斯基說到：「我喜歡機緣巧遇，生活中有許多的機緣巧遇。每天的生活中，我也許錯失認識真正該認識的人。在此地此時，我們四周坐著的都是陌生人。每個人將會起身離開，繼續上路；並且，不再相見。假如，他們再相見，也不會瞭解到這不是第一次見面。」他的作品無處不見這一種偶遇與人生的關係。

相遇或事件，是沒有客觀或可證實的內容，發生在一種環境中，卻又不「屬於」那個環境，具有一種不受到那個環境完全制約的元素。事件意指這一種不確定性，但人們對所發生的事件必須做出回應，無論如何，必須回應這個事件的發生以及其可能產生的結果。

巴迪歐斷言到，在每一種情況下：「真實的東西不可能回指任何客觀的組合，無論是它的原因還是它的目的。」可以說，每一個人生的遭遇都把主體推入未經嘗試的領域，而由於那個原因，主體受了「考驗」，或者說，每一個主體都「在不知道原因的情況下回應了某事」。最終我們不得不相信，存在著一種眞理，即是這些事件或偶遇使我成爲我。

十個句子代表十條誡命，表達生活的本質；十則故事不僅僅是故事，它們代表了生命遭逢的挫折與掙扎。《十誡》不是作品，《十誡》就是人生。

《十誡》札記

4 生活的難題

《十誡》的十集作品並有沒有標題，只分別標以數字，其中之五和之六因為擴大製作電影版而為之下了電影標題，分別為：《殺人影片》和《愛情影片》。

我們可以將《十誡》影集與聖經的「十誡」進行平行理解，並替它們分別冠上標題。然而，奇士勞斯基並沒有這樣做，只將每一集冠以一個數字為標號，按順序分別從一到十。這就是《十誡》，它給予人一種想像的空間，讓觀眾可以從其中按自己的視角來做出詮釋。這種情況與「三色」電影一樣，這三部影片分別為《藍》、《白》、《紅》，並沒有特別冠以何種標題性的內容，這種情況在台灣卻形成一種濫情式的標題，分別為

《藍色情挑》、《白色情迷》、《紅色情深》，加諸了太多的商業氣習，很容易抹殺了《藍》、《白》、《紅》所表示的重大主題：「自由」、「平等」、「博愛」。

台灣年代影視發行的《十誡》，每一集的開始畫面之下給了中文標題，都是四個字：

生命無常

進退維谷

黑夜漫遊

父女迷情

殺人影片

愛情影片

眞假母親

心靈之罪

婚姻之鑰

遺產風波

劉小楓在《沉重的肉身》撰寫《十誡》時，分別給了每一誡獨立的小標題，並改變了順序：

第五誡：無法追究的個人性情？

第三誡：平安夜我該與誰在一起？

第七誡：偷竊親情？

第九誡：我想信任卻沒有能力

第四誡：虛構的親情？

第十誡：不可摹倣自己沒有的熱情

第二誡：誰可以替我選擇？

第一誡：人生薄冰上的「除我以外……」

第八誡：不可凍結的負疚

第六誡：不可玩耍的情感……

我自己對《十誡》每一誡所下的標題則是：

《十誡》之一：眼淚

《十誡》之二：決定

《十誡》之三：我家在哪裡？

《十誡》之四：祕密

《十誡》之五：殺人真的不被許可？

《十誡》之六：易碎的絕對

《十誡》之七：什麼是屬於我的？

《十誡》之八：誠實可能是一種藉口

《十誡》之九：失去的與擁有的

《十誡》之十：專注於己的欲望

標題如何下，當然反映了讀者如何解釋該部影集的內容，然而不管如何，《十誡》與聖經「十誡」的平行理解是不容質疑的，甚至可以說，不從聖經的「十誡」來理解《十誡》，就無法發現奇士勞斯基的偉大之處。

他宛如一位現代的摩西，拿著十塊以影像鋪成的法板來召告現代人，提醒我們倫理問題的存在，以及那些來自於生活中的複雜偶遇是帶有神聖意涵的。

將影集《十誡》與聖經「十誡」進行平行理解，一方面是事件，另一方面是標題（教條）。奇士勞斯基所談及的「十誡」，當然是源於他所熟悉的天主教傳統，這在波蘭是極為自然的事，《十誡》重申了「十誡」的意義與其重要性，但不是將之訴諸於上帝，而是將之置於社會生活的脈絡，也就是與我們社會自身的反思來理解。更準確的說，「十誡」是對所有人而言的「十誡」，而非僅僅限於信仰者，正因為「十誡」的受益者不是上帝，而是我們。因此，如何從我們的生活中來反思「十誡」的現代意義，這是《十誡》每一則故事要揭示出來的。

在形式急劇變化、信仰逐漸喪失、傳統觀念瀕臨瓦解的社會，我們將仰賴什麼生活下去。奇士勞斯基從信仰、家庭、夫妻、父女、愛情、欲望、殺人、衝突中突出了生活的兩難，這些兩難遠非傳統的教條可以解釋，然而這並不意味著這些教條已完全失去作用。事實上，情況恰恰相反，生活基本上仍離不開決定與掙扎，這些教條看似無助於解決我們的問題，但仍然懷有反思性的作用，至少人的生活必須有一種可茲參酌的元素，生活至少仍有可供思考的空間，就此生命便不是全無意義。相反地，它們卻替我們開啓了生活的另一種可能，《十誡》影片爲我們打開了新的視域。

也許我們會留意到，基督教版的「十誡」與天主教版的「十誡」是有些不同的。首先必須認清一個前提，聖經中的標題和分章分節都是爲了方便，後來才被加上去的。事實上，聖經就是一段連接起來的文字，斷下章節再加標題有時反而會帶來困擾。基督教版（不包含路德宗和聖公會宗）的第一誡和第二誡，在天主教版一併被當作是同一誡，因此，其第三誡則是「當守安息日」，而這在基督教卻是屬於第四誡。如果按此理解下去，天主教不就少了一誡嗎？不然，天主教版則是在最後一誡中，再細分出一誡出來，將「不可貪戀他人的妻子」獨立成一誡，最後一誡則是「不可貪戀他人的財富」。基於波蘭是深受天主教影響深遠的社會，奇士勞斯基當然用的是天主教版本的十誡。無論如何，十誡的內容並未受到影響，這是必須說明的。

《十誡》引我們面向倫理生活中的深層問題，這個問題即是：「每一個人都渴望被理解」。我們總想爲自己的遭遇找到答案，爲自己的痛苦找到出路，《十誡》

更多是表達寬容，而不是審判，這也是教條最現實的意義和目的。每一則故事、每一種情感、每一個糾葛都是來自於生活本身，而絕非是對誡命研究之後的假設。由於生活本身的複雜、矛盾、掙扎和美，反過來去思考誡命，更覺得其深刻和感人之處。無論是遵守或是違背誡命，生活中的人們自有其充足的理由，奇士勞斯基就在此複雜的生活現實中，追尋著誡命最大的容忍限度和最深沉的情感基礎。

在《十誡》系列故事中，生活的偶遇恰恰是令生活驚奇的元素；奇士勞斯基的《十誡》即是指現代生活中的「十個難題」。

《十誡》札記

5 凝視的力量

奇士勞斯基接受《電視全覽》（*Télérama*）週刊採訪時說到：「世界不僅僅是明亮的光線、高速的生活節奏、插著吸管的可口可樂、嶄新的汽車，……存在著另一種真實……，某種來世？對，沒錯。它是好是壞，我並不知道，但……那是另外一種東西。」

什麼是「另外一種眞實」？「另外一種東西」是存在的嗎？《十誡》以最令人不悅的方式開場，如此沉重：可愛且富同情心的小孩溺死，留下孤獨的父親含淚哀痛。奇士勞斯基催逼我們承認，存在著「另一種」我們不知曉甚或是抗拒去面對的「另一種眞實」。然而，什麼是「另一種眞實」？「另外一種東西」若存在，我們如何感知到它？

事實上，奇士勞斯基回答上述問題的方式，並不是向我們昭示另一種眞實，或是另外一種東西是存在的。他迂迴地反問我們：「若存在著這樣一種東西，你做好準備了沒？」

我們不須特別留意，都會對《十誡》中一再出現的「神祕人物」感到困惑，這人究竟是誰，爲何他在劇中出現，這與其中的敘事有何關係。《十誡》之一的一開始，背景音樂中的笛聲帶來沉重的哀傷，或更多令人聽來是一種毛骨悚然的空靈感，儘管他不是希區考克式的恐怖片或懸疑片，但隨著笛聲把我們引向那位坐在火堆旁頻頻擦拭眼角淚水的人士，不免令人感到納悶。

即便我們看完了整部《十誡》，始終不知道他究竟是誰，但他在第一集中至少出現了四次，而且還在《十誡》其餘各集中反覆出現。或者，他的存在對我們而言確實是可以不須理會的，除非我們強求給予它存在的意義。換言之，他就像是每一天在我們身邊出現過的人，不過就是輕輕地瞄了我們一眼，如此地不經意。事實上，正是這種不經意，對我們只是純粹的「凝視」，但他可能在述說著某事即將發生，是他記錄了那些瞬間即逝的記憶，也爲我們開啓了種種疑問。就像一部攝影機的鏡頭，它像是一雙眼睛，正凝視著我們，即便我們所處的位置上，似乎是在凝視他人。

正如奇士勞斯基說：「他對發生的事沒有任何影響力，但他能讓劇中人思考自己在幹什麼……，他目光炯炯地注視能激發人類的自我反省。」問題即在此，奇士勞斯基把這個人物當作一個思考點，正是他的出現考驗著我們，激發我們思考。人生縱然無法輕易地給出答案，即使有了答案我們也不見得滿意，但人生最美妙的恐怕莫過於此，它就是沒有答案，或總是令我們拒絕的某種解答。正是如此，我們爲發生在身上的事作出了見證，改變與否不是重點，重點乃在於它帶給了我們某種特別的東西，一種陌生的東西，在生活之中注入了新鮮事。那位「神祕人物」的出現，仍然是關於「偶遇」的主題。

拍電影必須從自我凝視這一步入手，這種凝視有可能是十分痛苦的。正如法國影評人讓・紀利（Jean Gili）說的：「在奇士勞斯基手中，創造以一種承受痛苦的形式被呈現，沒有什麼能阻止它，就像是在無動於衷或接受條件之前所發出的那聲孤獨吶喊。」據知，奇士勞斯基在拍攝「三色」的最後階段時，就已表示倦怠，想做點別的事，而不是拍電影。這個決定宛如哲學家告訴我們他不再思考、畫家宣布不再畫畫。雖然如此決定的理由是出於過累，然而，所謂的「累」不知是否與他承受人生痛苦的重負有關。

作為一位將自己投身於各種掙扎的人與事，以及捕捉那種瞬間的人而言，這即是奇士勞斯基存在的理由。換言之，當他說不再拍電影，對我們而言，奇士勞斯基這個人存在的理由也宛如逝去了。這即是奇士勞斯基吸引我們之處，他將我們引到自我凝視的地步，人生沒有了這種自我凝視，就真的什麼都沒有了。就像《十誡》之六的男主角那樣，對傷害他的女主角說：「我不再偷窺你了」。此話意味著彼此不再有任何聯繫的理由，或者像宣布「我已不再愛你」那樣，變得陌生或事不關己，這也就意味著奇士勞斯基的人生就此停下腳步。也許正是命運使然，沒多久，他就真的永遠不再凝視我們的生活了。

如果我們知道奇士勞斯基的逝世，很大程度是因為醫療疏失，他的人生和其作品的敘事一樣，無不令人感到唏噓。就像是《十誡》之一的父親，如何能接受自己活潑的孩子應驗了自己說過「掉落湖裡洗澡」的話，當孩子再從那裡上來卻成為一具冰冷的屍體的結局呢？許多人無法接受奇士勞斯基的死訊，正是因為他的影片所激起的困惑。或者，正是出於這個困惑，我們可以嘗試理解它作爲一種「神祕」。關於這點，以音樂再現「凝視」的普萊斯納最能深切感受到，奇士勞斯基突然的離去，恐怕也帶走了他那種只有在奇士勞斯基的影像中才可能出現的「神祕」。

噢，「Saint K」，你留下偉大的影像，我們仍然感到你在凝視著我們，在生活中的某個角落，正擺出了準備捕捉鏡頭的手勢，……，「我們做好準備了沒？」(Are we ready?)

《十誡》札記

6 孩子的視角

誰來決定？如何作決定？

「三色」的三部電影交會在一個重要的場域。也許觀眾看到的是渡輪，因為這三部影片的男女主角，在《紅》結束前都從船難中被營救出來。然而，很少人留意到，法院才是三部故事交疊的地方。《白》一開始，男女主角就在法庭相見；《藍》的女主角到法庭外見到了她先生外遇的那位律師；《紅》就明顯不過了，男主角老法官就在法院上班，度過他人生中重要的階段。《十誡》除了之五是在法庭上宣布男主角傑克服死的場面最為明顯外，許多故事的衝突和矛盾都與法律脫離不了關係，不論是生命（《十誡》之二）、婚姻（《十誡》

之三）、身分（《十誡》之四）、偷竊（《十誡》之七）、政治（《十誡》之八）、爭產（《十誡》之十）等，大都在法律的規定或遊走於其邊緣之中。

人生是偶遇，但法律卻是規定。

對現代倫理的意義而言，法律是一切的依歸。可見，我們並沒有離開過規定，只是這些規定似乎越來越與生活的眞實無關，它不去考慮人在遭遇痛苦時的掙扎與無助，也不正視那些因爲矛盾帶來的不安和困惑。甚至，「平等」也是一種帶有事不關己的冷漠，這即是名副其實的「教條」，「教條」無須正視「眼淚」的存在。或者，「教條」面對「哭訴」之時根本上是無能爲力的。

爲何奇士勞斯基對法律這個主題如此專注，恐怕與他本人無關，也與那位和他一同編劇的律師皮西雅維茲無必然關係。理由是，現代社會的倫理確實是由法律來規定的。然而，法律的倫理是公眾倫理，一旦兩個彼此之間具有複雜感情的人出現矛盾時，作爲公眾倫理的法律要如何爲倫理下判斷？現代生活倫理將一切都交給了法律，其後果只能是冷漠，所以我們沒有理由要求這個社會還可能有愛、同情、悲憫、犧牲等等。法律已成了日常生活道德流於表面的教條，道德已不再與勇氣、愛、美德等人性有關，這正是奇士勞斯基感到不安之處。

從拍紀錄片開始，奇士勞斯基就已敏感地覺察法律層層規定的牢籠，這種牢籠在波蘭的政治氛圍下顯得更爲敏感，意識形態打擊一切可能威脅到它的政治正確因素，其結果不僅讓生活失去了眞實，更是使原來就存在的人性受到莫大的考驗。爲此，奇士勞斯基轉向劇情片，轉向可以更爲直接去談論人性和生活的一種方式。這是電影敘事的力量，以一種虛構來直指眞實，這類眞實存在的事物不僅被意識形態遮蔽，也被現代的法律倫理給遮蔽了。因此，轉向生活最好的方式，即是回到傳統倫理，這種倫理與人的根本價值信念有關，其「教條」的意義不是冷漠，而是激情。生活需要激情，哪怕激情帶來矛盾和痛苦，但它就是人性，是欲望，亦是想像。

「歡迎來到眞實的想像世界」，這是一個法律無法回答的眞實世界，奇士勞斯基把它交給了電影敘事。

「十誡」標誌著人性與命運的界線所在，但它並不負責做出具體的抉擇。諸般對「十誡」的解讀，沒有比奇士勞斯基自己述說《十誡》的起源或原委來得簡單和直接：「我感覺大家在禮貌的微笑背後隱藏著對彼此的漠然；我越來越強烈地感覺到，越來越多的人根本不知自己為何而活。所以，我認同了皮西雅維茲的想法，不過我也知道，把《十誡》拍成電影將會是一件十分艱鉅的任務。」確實，要拍成《十誡》是艱難的，因爲「十誡」的倫理是艱難的。

上述這些問題當然不是交由奇士勞斯基來回答，但我認爲他給了我們一個非常清楚的答案，這個答案是「先於社會的」，要擺脫現代倫理的困境恰好是不能從社會中取徑，法律的存在固然是維繫著現代社會大眾倫理非常重要的一項規定，但它肯定不是一切，它不能代表生活，因爲眞實感動我們的，不在這個社會中，而在一種「尚未被社會化」的情感，一種天眞、無邪的感情。奇士勞斯基以影片中「小孩的意象」來闡述了這種感情的存在，而且它是人性最後一道屏障，越過了它，我們不能再述說生活。

奇士勞斯基對小孩有著非常深刻和感人的把握，《十誡》每一部影片的核心都離不開從小孩的目光，來重新審視生命，重新爲生活注入希望。《十誡》每一部影片都與小孩有關，而且是至關重要的：

之一：富同情心卻溺斃的小孩

之二：生死邊緣的胎兒

之三：平安夜等待父親歸來的小孩

之四：以父愛呵護長大的女孩

之五：殺人犯的妹妹（這一集著墨最多）

之六：愛情路上的無知小孩

之七：不理解成人世界矛盾的小孩

之八：差一點就被送去集中營的小孩

之九：小孩可以援救婚姻危機

之十：一顆肝臟救了一個小女孩

「三色」中，《藍》的女主角茱莉因失去愛女，人生頓時失去了一切，不斷地想忘卻這些痛苦，卻怎麼躲也躲不了，尤其是想到關於女兒的種種，更令人難有再活下去的理由。茱莉獲知丈夫生前的外遇，無疑地，令其更爲痛苦。然而，在她發現婚外的女士已懷有她先生的骨肉，茱莉做出了重大的決定，將丈夫的家產都歸給這個即將誕生的小孩。奇士勞斯基把所有故事的焦點放在小孩身上，所有的小孩都是無辜，人性的軟弱和偉大都在小孩的意象中被表現出來。

《十誡》之五或《殺人影片》在所有影片中最爲暴戾。男主角傑克的行徑，原則上很難搏得人們對他的同情。然而，在這一集中，奇士勞斯基給小孩的戲分比其他集都多、都來得深刻。

首先，傑克走到華沙市，與他那年幼遭難逝世的妹妹有關，他的身上除了帶有兩樣凶器外，就是一張泛黃的照片。這張照片是妹妹穿著美麗衣裳，在第一次接受教會聖禮時所拍攝的。在多數的戲分中，傑克都是面無表情，但有兩段影像中卻看到傑克的笑臉，以及因感傷而哭泣的臉。第一段是他在咖啡廳時，看到兩位可愛的小女孩在店外的玻璃窗，他主動逗她們玩，把咖啡渣潑向她們，引來彼此一陣濃郁的笑意。另一段即是在殺害司機後，傑克回到計程車上，打開收音機，那頭正播放著兒歌。突然間，原先殺紅了眼的兇手竟哭喪著臉，悲痛不已。

不僅如此。影片最精彩之處，即是那位多愁善感的律師正接獲他人生中最重要的信息：妻子順利地生下了一位嬰孩。然而，此時此刻的他並沒有為人父的喜悅，因為他同時引來人生中第一次在法律執事上的挫敗。這一頭是一個生命即將結束，另一頭則是一個新生命即將誕生。這樣的反差非常強烈。

《十誡》之五中的小孩有著天真、無邪、純潔、喜悅般的象徵。《十誡》之二那一對夫妻出現在這一集裡，他們的故事與一個流離於生死存亡邊緣的胎兒有關，我們還記得那位初為人父的男主角，如何激動地告訴醫生有了小孩的那種喜悅。《十誡》之五中，那位令人反感的司機，在路經校區時還禮貌地停了下來讓放學的小孩過馬路，面對孩子，人心都會變得比較溫柔，對於小孩，我們都不忍於傷害，甚至還會小心呵護他們。奇士勞斯基在這一集中，小孩的意象最爲強烈和直接，替灰濛濛的社會留下一絲絲希望的光芒。

奇士勞斯基可謂心思極爲細密，他對這個冷漠的世界注入了一種希望和愛，這種愛和希望是透過孩子帶給我們的，只要我們正視孩童的世界，它必然帶來人性中的眞善美。孩子的世界是一個尙未社會化的世界，他的脆弱也是他的優點，以一種無以抗拒的方式來質疑這個世界，因爲這個世界都是成人間、甚或是夫妻間爭相搶奪和相互傷害的世界，一刻都無以平靜，進而引發更多後續剪不斷理還亂的情感包袱。《十誡》之七中的小孩何其無辜，小孩帶給我們的是和平和愛，成人世界交待不清的情感傷痛，卻摧毀這一切。

奇士勞斯基可謂童心未泯，這是他給我們的啓迪。小孩是無辜的，他們不過是希望有一個美好的平安夜，他們只想要有父親的陪伴，失去父親的孩子和失去孩子的父親都會格外的孤單，《十誡》之三中就曾出現《十誡》之一中那位失去兒子的父親。《十誡》之三中，男女主角舊情難解的糾葛，正是與一個單純的小孩在未來無數個平安夜裡能否安睡有關。特別的是，《十誡》之三的女主角面對男主角時，總是放不下她仇恨的眼神，然而，只有在小孩來敲門要糖果的那一刻，她變得溫柔婉約、小鳥依人地依偎在男主角的胸懷。

清純的愛情，是一種童稚般的渴望；身體的高潮不是愛情的全部，注視著對方的一舉一動，在他傷痛的時候讓他感到有一雙父親般的手掌正在安慰他，就已足夠。《十誡》之六是一則初戀者和情場老手的對比故事，多米克像是一位情字路上的小學生，他的牙牙學語、無知懵懂卻帶來了喪命的危機。愛情「像小孩般」的稚嫩需要被保護，絕對的事物一如愛情般，是易碎的玻璃，不小心就會摔碎，即便將之修補過來，因為情傷留下的刀痕，是很難抹掉的。一個受了傷的孩子是很難再天真活潑地跳躍的，歷經傷害後的他，必然多了一層的防備與不信任。

《十誡》之八中的倫理學論證前提是：「孩童的生命是絕對的。」片中的大學倫理學教授為了這條前提，一生背負著難以抹除的罪疚。這條宛如誡命般的前提，也是《十誡》之二那位老醫生感同身受的，所以他無論如何都要保住一條小生命，不容生命的遺憾再次發生，像他自己失去小孩那般痛苦。

《十誡》之十的焦點看似爾虞我詐，只因遺產引來了貪婪和爭奪。然而，遺產終究不是生命，它無法眞正被傳遞下去，並使生命變得有意義或有希望。相反地，財富經常引來了猜忌和不信任，暴露人性的險惡。眞正傳遞得下去的遺產，即是爲那沒有希望的小孩燃起希望，爲那生命陷於痛苦的小孩找到出路。這一集的影片尙令人感到安慰的，即是哥哥的肝臟救了一個少女的命，儘管是被騙，其結局仍可算得上是美好的，至少比起那些價値連城的郵票而言，這項犧牲是更爲有價值的事。這樣一顆肝臟在少女的身上，不也變得年輕了嗎？無疑地，這是最令人讚許的遺產。眞正的遺產就是使其變得年輕，變得有希望，生命的意義不就是如此嗎？

最後，回到《十誡》之一。這是十部影集的開場，雖然每一集之間沒有連續性，但這樣震撼性的開場，早已讓我們留下深刻的印象，幾乎所有的觀眾都會不捨，無論如何都不能接受《十誡》的第一集是以如此結局收場。一個人見人愛的小男孩，聰慧且富同情心，他沒有很多的欲求，只是喜歡溜冰，這一點點的期望換來的卻是小小生命就此結束的悲慘結局？如果說奇士勞斯基是忍痛地向我們傳達了生命的脆弱，不如說是在告誡我們：小孩的生命應該要被小心呵護。正因為我們會為了一個小孩的生命如此的哀傷和同情，這個社會正是需要透過小孩的意象，再次激起我們的感動、同情和關愛。

《影迷》中的父親一開始是為了迎接女兒的誕生而拿起攝影機，想拍下女兒成長的點點滴滴。這是一件多麼美麗的計畫啊！可惜，這台攝影機最後將他帶離了原來的初衷，鏡頭轉向了這個複雜的成人世界，結果適得其反，這台攝影機卻把這個美好且充滿期待的家庭給撕碎了。也許，「回轉像小孩」是「十誡」的第一條誡命，《十誡》向我們揭示了生命的脆弱性。人性的掙扎與困惑不是沒有出路，問題端在於我們是否「回轉像小孩」，小孩那裡的世界不是社會，而是天國。

《十誡》札記

7 奴役與自由

奇士勞斯基曾說：「我們總會是某些東西的奴隸。」

「十誡」這個名字，根據妥拉（*Torah*）的若干段落告訴我們，用於指稱這篇文本的希伯來語同字面意義即為「十句話」（a decade of words）。此文本更恰當地被稱作「十言」（Ten Words）或「十語」（Ten Utterances），這使得decalogue一詞尤為貼切。所以，「十誡」（Ten Commandments）實是「十言」，希伯來的十句短語。

上帝授予十誡四十多年後，摩西向以色列人憶起發生在何烈山的偉大日子：

耶和華我們的神與我們在何烈山立約。這約不是與我們列祖立的，乃是與我們今日在這裡存活之人立的。耶和華在山上，從火中，面對面與你們說話。那時我站在耶和華和你們中間，要將耶和華的話傳給你們，因為你們懼怕那火，沒有上山……。(申五2～5)

聖經《申命記》在此所述的，即是當摩西準備結束他的生涯時，親口重述了四十多年前十誡的授予，在此之前另一版本的十誡記載於《出埃及記》。兩個版本的十誡在措辭上有所區別，或可將此視作反映了以色列人世世代代以來的經歷，也可以認爲這是因爲記憶的疏漏。但聖經上說十誡本身是刻在石頭上的，這表明上帝(在此山口授之後)親自刻在石上的十誡，其核心內容可能多少比口述版本更簡短或更少潤色。我們應該想到猶太教中口述傳統的重要性。

我們已經注意到，《出埃及記》和《申命記》文本之間存在差異。在《出埃及記》中，十誡的文本正好處於全書正中(按行數算，《出埃及記》的中點在二十二章17節)。十誡包含不到兩百字，分散在通行的猶太版本的十三個句子中。在現有的各種版本裡，所論主題的排序十分固定。有兩處主要的例外：「在所謂的《尼斯蒲紙》(Nash papyrus)中，從公元前二世紀或一世紀起，禁止通姦先於禁止殺人」;「在《撒瑪利亞五經》(*Samaritan Pentateuch*)中，〔我們所知的〕十誡被壓縮為九條，以便引人一條有關」，留下一條告誡撒瑪利亞人在基利山敬拜之誡命。

希臘化猶太哲學家亞歷山大的斐羅(Philo of Alexandria)曾著有*Decalogue*一書，以希臘哲學的觀念來闡發十誡所教誨的道德標準，帶有形上等級的意味，最終以上帝為根本的歸屬。公元兩百年左右，早期的希臘教父亞歷山大的革利免(Clement of Alexandria)將Decalogue一詞繼續沿用下去，也成了基督教的重要文本。儘管如此，大多數學者，包括希伯來語造詣深厚的猶太學者，一直都沿用了十誡的此一說法，以作為對聖經那段文字的簡稱。

有學者注意到:「猶太傳統相信，前五誡被銘刻於一塊石版上，其他五誡刻於另一塊上。這種畫分本身就可取，因為前五誡提及了上帝，而後五誡並未提及上帝的名。」

再者，為什麼恰恰是十誡。為什麼不是十二誡?「十二」是貫穿整部聖經的頗為重要的數字。又為什麼不是十三誡?「十三」同樣有著特殊的地位。當然，

「十」在聖經中也很重要，正如「七」一樣。至少根據傳統的計數，「十」很容易令我們想到埃及的瘟疫。只要恰切理解了摩西律法，這不就是我們開始思考十誡時認爲理所當然的那種智慧嗎？

對於如何精確地將十誡文本分爲十個條目也是存在許多分歧的意見。這一細分很大程度上取決於哪一個條目爲第一誡。主流猶太觀點認爲第一條目即：「我是耶和華你的神，曾將你從埃及地爲奴之家領了出來。」然而，學者們告訴我們：「古代作家如斐羅和約瑟夫(Josephus)，以及猶太出版協會的新譯本，希臘教父和大多數新教教會（路德宗除外），都認為第一誡應該是：『我是耶和華你的神，曾將你從埃及地為奴之家領了出來。除了我以外，你不可有別的神。』」

持此觀點的學者認爲，對偶像崇拜的明確禁止應爲第二誡。可是，「天主教和路德宗採納了可追溯至奧古斯丁的另一種畫分」。這種畫分遵從了妥拉卷軸的文本，將禁止偶像崇拜納入第一誡，並由此將最後關於「禁止貪求」畫分爲兩條誡命。如何將文本畫分爲所需的十個條目，或許取決於如何理解文本。所以，重點應該在「十誡」的開端。如果第一誡的開始爲：

我是耶和華你的神，曾將你從埃及地為奴之家領了出來。(出二十2)

值得注意的是，在第一誡中上帝並未被當作造物主（Creator），而是被當成解放者（Liberator），即所謂的摩西的解放（Mosaic liberation）。十誡是上帝的神聖法，其旨在掙脫約束和統治，它主張的是法的統治而非人的統治，通過法來澄明正義與德性，因此正義即是比人的要求更高的東西，而德性即是一種人性的上升，從尊重與同情到愛。

按猶太哲學家邁蒙尼德（Moses Maimonides）的立場，如《申命記》中追憶「十誡」的授予時所說：「耶和華從火焰中對你們說話，你們只聽見聲音，卻沒有看見形像」(申四12)。因此，邁蒙尼德的一位好學深思的學生曾指出：「律法除了摧毀偶像崇拜外，沒有任何別的目的。」換句話說，解放是從偶像化的問題開始的，所以問題可以簡化為一個，那就是：「自由」。因此「上帝」意味著與「自由」有關，上帝允諾人們的，以及人們渴望向上帝企求的，就是「自由」。「自由」見證了信仰上帝的意義，也見證了人存在的價值與尊嚴，然而在生活之中，「自由」卻是不易獲取的，這即是十誡之所以艱難或不易的理由。

從《十誡》到「三色」，奇士勞斯基覺得累了，他的累不是身體的，而是心靈的。試想，從十部小影集到三大巨作電影所涉略的主題，怎可能不讓生命所有的力氣都用於面對這些兩難的問題呢？身體與心靈勢必一同耗盡。奇士勞斯基說：「告訴你喜歡的人，千萬不要當導演！」對於電影導演這個終身職業，他的看法是他「浪費了許多時間」，「電影導演是一份相當辛苦的工作，從中失去的，較得到的更多，你得忍受痛苦和焦灼。」我說觀眾從他的電影中得著，他卻回說：「但我卻是失了」，而這就是「人生」。

奇士勞斯基在一次接受訪問時有一段對白：

Q：你是天主教徒？

A：在某種程度上來說，我是，因為我接受了洗禮，我的女兒同樣也是。

Q：你認為以是非概念教育子女好嗎？還有天主教罪惡的概念？

A：我在波蘭無法脫離它，這就是我全部想說的。

Q：你相信觀眾與電影嗎？

A：我不相信電影，只相信觀眾。

Q：你餘下的日子會怎麼過？

A：什麼也不做，坐在椅子或板凳上，睡得好好的。我再不會拍電影了，我累了，要休息，誰知道呢？除了電影還有許多事做，我不喜歡電影場景，我在那花了很多時間，我有點兒厭倦了。若要談其他東西，那就是生活本身。我想照顧年輕同事，開研討會。或許有一天我會寫劇本。但我真正的夢想是在鄉村坐在椅子上吸煙，當我洗澡時是為享受生命而洗，而不是為了拍戲那就是我要做的。

這使我想到了他早期的作品：《影迷》。主角菲利浦開始時只是個攝影師，用他的話來說，只是記錄「任何會動的東西」。然而，這一切都不是他所能決定的，正如影片到了最後，他終於明白了，拍電影必須從「自我凝視」這一步入手。這種凝視有可能十分痛苦，正如法國影評人讓・紀利說的：「在奇士勞斯基手中，創造以一種承受痛苦的形式被呈現，沒有什麼能阻止它，就像是在無動於衷或接受條件之前所發出的那聲孤獨吶喊。」[1]

奇士勞斯基真的覺得累了，他想做些別的，就是不想再拍片、當導演。對此，我們不知道發生了什麼事，正如他所說的：「每一個生命中都有轉捩點，我也有，但我不會告訴你，因為那是我僅有的東西。」

一九九五年在波士頓的記者會上，奇士勞斯基說了一段預言般的話：「一列火車開往某地，電影車廂十分推擠。為了能讓別人也上車，必須有人下車，給大家騰出位子來。」

一九九七年，mk2製作公司設立了一項「奇士勞斯基大獎」（Prix Kieslowski），此獎只頒給二十六歲之下的年輕導演。一九九七年的主題是「公民權、尊重和正義」，一九九八年的主題是「給予、獲取和分享」。[2]廿年過去了，在我的心中，還沒有見到哪一位導演可以補上奇士勞斯基騰出來的位子。

儘管喜歡奇士勞斯基的人如此不捨，對於他的早逝相當惋惜，但我們終究還是抵擋不住命運的安排。也許，我們可以用他自己提及一位導演的死所說的話那般，爲自己的早逝也找到合理的解釋：「塔可夫斯基（Andrei Tarkovsky, 1932-1986）是近些年最偉大的導演之一，但遺憾的是他去世了，可能是因為他不能再活下去了。通常人們不管什麼樣的方式離去，多少就是因為他們已沒法繼續活下去了。」

《十誡》札記

8 生命的邀請

出版成冊的《十誡》劇本相當值得一看，因爲它和實際拍攝後的結果有諸多的不同。確切地說，我們可以比較劇本與影片，也許可以發現奇士勞斯基做出了哪些更動，或可留意到其旨在如何使用更含蓄的畫面，以替代一字一句的細節。

劇本詳述了《十誡》之一中，波威的父親與神祕電腦的一段互動：

當克里斯多夫呆坐在房間時，突然有一道光閃著，那是從電腦螢幕上閃著的光。克里斯多夫轉向望著電腦，螢幕上出現了一行英文字：我準備好了（I am ready）。克里斯多夫向前並伸出指頭敲打著鍵盤，……

克里斯多夫：是你嗎？

（他按下回答鍵，電腦停頓沒有反應，一會兒，螢幕上出現了一句話。）

電腦：（用英語回答道）重複一下。

克里斯多夫：我問是你嗎？

（電腦陷入沉默，克里斯多夫按鍵要求電腦回答，但螢幕上只是閃爍著同樣的綠光。等了一會兒，克里斯多夫又鍵入了一些別的問題。）

——我可以做什麼？

（這句話在螢幕上停留了一會兒，然後螢幕再次變綠，字母消失。克里斯多夫又輸入了個問題。）

——為什麼？

（和之前一樣，字母消失在一片綠色之中。克里斯多夫繼續在鍵盤上敲擊。）

——為什麼是個孩子？

（這問題留在了螢幕上，克里斯多夫又加了一句。）

聽著，為什麼要奪走一個孩子？我想要知道。

（他按下回答鍵——字母消失了。他繼續輸入。）

——如果你在的話，給我個信號。

（這句話留在了螢幕上，克里斯多夫刪掉了這句話的前幾個詞，它們一個接一個地消失，最後只剩下一個詞，「信號（sign）」。他又把這詞反覆打了好幾次，最終「信號」占滿了整個螢幕。他按下了命令電腦回答的按鍵，電腦很快便回覆了。）

電腦：顯現。預兆。符號。象徵。

（克里斯多夫繼續輸入。）

克里斯多夫：照亮

電腦：燈。火。光。蠟燭。

（現在電腦回答得很迅速，克里斯多夫繼續輸入。）

克里斯多夫：蠟燭。

電腦：象徵。教堂。十字架。

（克里斯多夫繼續輸入。）

克里斯多夫：意義。希望。

（電腦停頓了一會兒，隨後螢幕上開始出現字母。）

電腦：（用英語回答）沒有記憶。

接著，克里斯多夫關掉電腦，整個綠光也隨之消失了。

這部電腦可以推算出千里之外的母親正在做些什麼，例如：睡覺。但電腦面對波威鍵入的「夢見了什麼」這樣的問題卻無法回答。「夢」代表一種無以駕馭的東西，在我們的夢中總會出現某些東西，至於它會是什麼，沒有人可以回答，電腦也無法回答，正如以英語顯示出「我準備好了」這麼一行字，它們究竟準備好什麼？準備好接受命令？準備好迎接生命？還是準備好面對死亡？這些都宛如夢境一般的模糊和不確定。

我們應該注意到，《藍》、《白》、《紅》這三部電影都是從同一方式開始的，都帶有以文明或技術呈現的鏡頭。第一部電影以一輛汽車開始，第二部以機場運輸帶上的行李開始，而第三部則是以連著電話線的電話機開始。對於我們來說，這些都是再普通不過的現象，就是我們每天接觸或使用的不同東西而已。然而，我們暫且不去理會它們究竟是如何複雜、如何危險，奇士勞斯基這種手法被運用在三部電影的開頭，即便不是對現代科技的批判，也是對現代社會在這些工具或媒介下的扭曲提出反思、發出警訊。這與《十誡》之一那部電腦代表的計算理性，相互輝應，同樣是隱匿於所有人與人互動背後的因素。

「命運」這個主題，原則上應該會隨著可計算性或技術操縱予而以消解吧。事實不然，人們越是強烈地依賴科技，反倒越發感到無常的力量，越發對生命的不確定與脆弱有所提醒。奇士勞斯基所強調的偶遇應作如是解釋，而非把它理解爲一種非理性。相反地，恰恰是透過了上述技術理性與生命互動的經歷，才能重返對古老誡命，並對它們重新展開解釋、賦予新意。

生性悲觀的奇士勞斯基說：

> 我相信「命運」是所有的生命——包括我自己——的重要部分。固然，一個人可以選擇他／她要的人生，也在某程度上決定了途中的際遇；但要真正理解自己當下的處境，我們必須回望過去不同的人生段落，分辨出哪些是必然會發生的，哪些是自由意志使然，又有哪些純粹是機緣巧合。

其實，我們不能說奇士勞斯基是悲觀的。人生面對諸多的不確定，若說沒有恐懼，那是不可能的。未來任何的事都可能發生，要面對這些不確定的事，我們眞有能力面對嗎？或者，面對我們無法預知的事，要想繼續活著，嚴格說來都不是必然的。

即便是悲觀主義者，那又何妨？我們就此認爲那是一種沒有信仰，或近乎無神的悲觀嗎？其實不然。奇士勞斯基始終保持著一種開放的態度，他在生命面對無法預知的命運之同時，又向我們承認他始終都相信存在著某種知曉之外的事物，那些神祕的事物是存在的。奇士勞斯基為避免教條化，經常是借他人說話，或將自身隱藏於劇中的人物之中。如果《十誡》之一是透過死亡的宿命來談論靈魂，《十誡》之八則是透過罪疚來談論上帝。換言之，正是教授內心隱藏著的那份罪疚感，而表現出一位不說話的見證人。

《十誡》之八的倫理教授蘇菲亞回家後，對伊莉莎白說出了沒法在課堂上說的話，這些話不僅表達了她與生俱來的那種高尚，或許還有奇士勞斯基對人類的看法：沒有任何的東西比一個小孩的生命更重要的。蘇菲亞闡述了自己對信仰的看法，也可以說代表了奇士勞斯基的立場：

蘇菲亞：善，它是存在的，我相信每個人身上都有。處境可能會使我們傾向善，或是傾向惡。那個夜晚，我身上的善沒能出現。

伊莉莎白：誰來作判斷？

蘇菲亞：他，那個存在於我們每個人心中的。

伊莉莎白：但你從沒在自己的作品中提到過上帝。

蘇菲亞：用「上帝」這個詞時我很猶豫，我們可以相信，但卻不必非得用某些詞語。上帝之所以創造人類，為的就是他具有選擇的自由，……如果是這樣的話，或許我們可以不總是把上帝扯進來。

伊莉莎白：要等到了上帝那邊之後？

蘇菲亞：在這個世界，人是孤單的。到那邊後呢？如果人死後真的不再有生命，如果真的什麼都不再有，那麼……。

門鈴聲響了。伊麗莎白看著蘇菲亞，她以抱歉的笑臉走向門口……。

對於人生中的偶遇，我們確實不知道怎麼回事。也許，這裡所謂的「不知道」，正是要我們好好去思考一下「爲什麼」。正是因爲抗拒這般引起的痛苦，我們學習到了不同看待事情的方式，甚至開啓了對那些神祕事物的探索。對於那些不可見的事物，人們更應該以嚴肅的態度去對待，上帝的法度自然配得上以神聖的態度——嚴肅——以對。

奇士勞斯基在《十誡》劇本的序言中，陳述了他拍攝過程時的感受：

觀眾應該會想：「我也經歷過這種境況，我知道他們的感受」，或者「類似的事也曾發生在我身上」。然而，這些影片不能只是描繪日常生活——相反，它們應該像子彈發射般的震撼。我們很快明白，《十誡》應該是有關感受及熱忱的影片，因為我們講述關於愛、關於激情，而且我們知道，對所有人而言，對愛的感受、對死亡的恐懼以及像針刺般的痛，應該對所有人而言都是一樣的，它不受政治觀點、膚色或生活條件的影響而有所不同。

也許，正如一位導演無法預知一部電影的結果，人生更是如此，我們生活於其中，也同樣不可能完全知道下一刻會是如何。不是所有的事情我們都可以描述它，那種眞實的淚水，又有誰可以說盡其中背後的故事或遭遇呢？正因爲我們所知的並不比任何人多，也正因爲「不知曉」是如此地折磨人，探究此一未知也許是痛苦的，但對人生而言卻是値得的。

無疑地，《十誡》所敘事的內容，也迫使我們與故事的主角一同去感受或經歷，正因爲我們如此投入於故事所激起的難題和痛苦，我們也可以同樣地說這是値得的。奇士勞斯基吸引我、說服我的，也就是這份邀請，邀請我們面對眞實的眼淚，那是來自於他人活生生的遭遇，因而換來向我們昭示生命的價值和尊嚴。為這一切而認真且反覆地欣賞奇士勞斯基的作品，對我而言同樣是值得的。

《十誡》札記

9 無盡的頌讚

台灣影視界對奇士勞斯基的崇敬是無庸質疑的。

一九九九年，年代影視公司發行了《奇士勞斯基：十誡》「典藏版」，每一誡都置於獨立的透明紙套內，設計得非常雅緻，紙套外還有該集劇情內容的簡單文字敘述和圖片。這十張碟片又裝入一個精心設計的木盒中，木盒的顏色典雅高貴，木盒的蓋子是從左至右推開的，令人感到製作者是如此用心。

今年適逢奇士勞斯基逝世廿週年，片商天馬行空開賣限量紀念套票票組，《雙面薇若妮卡》以及《藍》、《白》、《紅》重新以數位修復版於大螢幕上映，以記念這位不朽的影壇巨擘。

二〇〇六年，正值奇士勞斯基逝世十週年時，台灣曾發行了影視公司ATOM Cinema／mk2發行的*Krzysztof Kieslowski 10th Anniversary Special Edition*，全套五碟裝，除了收錄大家熟悉並喜愛的《藍》、《白》、《紅》及《雙面薇若妮卡》外，還收錄了奇士勞斯基早期的《工廠》、《醫院》、《車站》等短片，以及首度公開的紀錄片《奇士勞斯基：一位波蘭影人》，台灣詩人夏宇參與了該片，重新審訂影片的中文字幕。最珍貴的莫過於與「三色」有關的部分，每一部都有奇士勞斯基的解說，以及三位女主角茱麗葉・畢諾許（Juliette Binche）、茱莉・蝶兒（Julie Delpy）、伊蓮・雅各（Iren Jacob）的專訪，談論他們與奇士勞斯基合作的經驗和幕後花絮，另外還有剪接師、製片等，都道盡了對他的無盡讚頌。

以下的文字，即摘錄於上述訪談的部分內容。

《藍》的女主角茱麗葉・畢諾許的談話：

我記得最經典的一幕裡。我的手得在石牆上劃過，我必須有保護措施，因為很可能會受傷。保護措施到那時還沒準備好，所以他很著急。那是他唯一著急的一次。我對他說：「別擔心，我就這麼拍吧。」他馬上就生氣了，因為我居然允許自己受傷。我已經習以為常了。過去，我常常為了自己喜歡的電影而把身體置之度外。他對此很不安，最後，我們還是這麼做了，因為沒有別的辦法。沒有任何保護措施地做了。後來，我的手治了一年，因為實在傷得太重了。

他不主張在事物中加入自己的感情，因為生活太艱難了。太難以承擔了。於是茱莉嘗試從這巨大的壓力下逃掉，但是……漸漸地，這就是我認為在結尾，有一個微笑是必須的。有一瞬，一種難以察覺的心情釋放，就讓她的生命重新開始的一瞬。奇士勞斯基不想在結局出現微笑，我對他說：「聽著，我不介意哭。但我想我們需要表現一個新的開始。」於是他用天空作結尾，以表現我們需要一個新的開始和希望。我們兩種結尾都拍了，剪輯時他還是決定用我的這種結尾。那部電影讓我們多麼地感動直至流淚！對我來說，那是最美的一部電影。

《白》的女主角茱莉・蝶兒的談話：

他的幽默感是黑色的，還有點……「扭曲」。那是一種有些扭曲的幽默感。我和他一起工作時，就注意到了，甚至我們談到死亡時，整個過程，說起來真恐怖，但是……我還是忍不住要想。我不敢相信他抽多少菸，喝多少酒。刺激他的不是那麼多的酒精，而是咖啡。他經常徹夜不眠。晚上他剪輯《藍》，白天他拍攝《白》，又重寫《紅》。實際上，他做這些的時候，我根本不知道。他一個晚上睡兩個小時。一支接一支地抽著菸，他將生命用到極致。似乎他覺得沒有什麼能擊倒他、摧毀他。

他在剪輯時意識到她並不是一個十惡不赦的人。她也是一個有人性的人。即使她身上有著極端的侵略性。不是有東西打動了她。最後他覺得在戲的最後沒給她機會說些什麼顯得太殘酷了。既然她不能說什麼，他就想到用一種動作，一種用手語來表達她的想法。於是他把這些解釋給我聽。「當我從監獄中出來時，你和我……我想這樣，我們將一起離開，行嗎？或者我們留下來再結一次婚。」這表示團圓或再婚（手語）。就這樣讓我們在一起。她瘋了嗎？他能看見她嗎？這是不是他的幻想？她告訴他，她愛他，就這麼簡單，這就是最後一幕。平等對他們來說很難做到。他們都被鎖在自己的監獄裡，他在自己的監獄中，人們以為他已經死了，而她也在自己的監獄中，但是他們仍然抱有希望，有愛就有希望。不是嗎？哪裡有生命，哪裡就有希望，一個或另一個。道理是相同的，真令人傷感，就這樣。

《紅》的女主角伊蓮・雅各的談話：

那是很難拍的電影，在這部電影中，角色不想用眼睛與耳朵去抓住生命中的東西。但那卻使人不安，但最後，我們能怎樣？我們在生活中處理了這麼多……我們能怎樣，能發現什麼？而不像法官那樣悲觀？事實上沒有答案，總會有事情發生的。你可以隨心所欲，沒有愛卻不可能，你可以試著幫別人，但若你不在那兒，就沒有意義。這是我作為旁觀者的見解，奇士勞斯基對信仰或道德的東西很小心，所以在採訪中，他不會談論這個，只談論他想說的。

奇士勞斯基讓電影有一種平常少見的親密感，並讓角色的情緒得到了完全的釋放。他喜歡突然出現，因為他不喜歡面具，他喜歡赤裸裸的真相，有時很難，他不會刻意美化事物。他不會表現過分的熱心，若有重要問題，他會站起來。

《紅》的剪接師賈克斯・威塔（Jacques Witta）的談話：

我和奇士勞斯基生活了一年半，幾次從《紅》中走出，他眼睛都有淚，被他自己的電影感動，對於他，《紅》是古老歲月的反射，關於青春。《藍》更有詩意，更有激情，那是一次風格的嘗試，但我認為《紅》是更有深度的電影。

在電影的結尾中，主角遭遇了沉船事故。《藍》、《白》、《紅》三部曲是有聯繫的，在《紅》中被聯繫起來，奇士勞斯基在沉船人員中，不僅是《紅》中的一對，還有《藍》中茱莉那一對，還有《白》中的人物。為整個三部曲交代結尾。同時，范倫婷與法官接近，讓他充滿希望地生活，看看角色經歷了多少歲月，他從窗裡朝外看，表現了他重新找回人情，這聯繫了三部曲其他人的結局，卡洛朝窗外望去流著淚，茱莉在窗後也落著淚，盡管輪船失事使多少人死亡，我們的角色像被救在挪亞方舟，三對各來自於《藍》、《白》、《紅》，暗示了一種希望，對於法官，對於范倫婷，也是對於我們！我常在想，他為何只做了三部曲，是因為他已經表達了他的全部意思？而《紅》是他的嘔心之作，他害怕重複，沒有新的東西加入電影，他筋疲力盡，他知道他會像父親一樣英年早逝嗎？所以要快速拍電影，是因為他對自己要求很嚴格，我不知道答案，只知道我很難過。

十誡
DECALOGUE
典藏版

Krzysztof Kieślowski

Dekalog

TVP

【輯二】

目光

RZYBOWSKA
Biuro sprzedazy

Dekalog I

《十誡》之一

眼淚

奇士勞斯基如是說

我眞的不敢確定我從杜斯妥也夫斯基那兒學得多，還是從美國某個九流作家那兒學得多。我也不想仔細地去分類。長久以來，我只知道在物質世界，那個你可以觸摸，可以在店裡買到的世界之外，生命裡還有別的東西存在。那都是我從書裡讀來的。[1]

善良富同情心的波威與父親情深，一場意外帶來了父親無法抹去的記憶傷痛。

八歲的波威家住的社區不遠處有一個小湖，冬天時會結冰，他喜歡在那裡溜冰。但冰的厚度是不一定的，只要厚到一定程度，就可以在冰面上安全地玩耍。波威的爸爸是一位數學家，精通電腦，相信一切都能夠用電腦方程式運算出來，比如小湖的冰面厚度就可以這樣算出。這一天放學後，他穿上爸爸給他的聖誕禮物溜冰鞋，去湖上溜冰。正當他愉快玩耍的時候，湖上的冰破了；於此同時，爸爸的電腦無端地開機，螢幕上顯示出「I am ready」的字句，接著就聽見救護車飛馳而過的嗚叫聲……。

「我該何時問死亡的問題？」

波威因為悲憫小狗的死，引起他對死亡的追問，且帶著哀傷的口吻問到：

人為何會死？

死了以後剩下什麼？

靈魂存在嗎？……

這些問題在波威看來，都比答對數學題目更為重要。然而，父親以一副事不關己的態度，認為波威的這些問題不是問得太早，就是無關痛癢，他以「科學」的口吻回答：「有人相信靈魂的存在，如果這會讓他覺得好過些也不為過」，「人死了之後留下的是這個人在世上的身影」。

鏡頭一開始，是波威在電視上奔跑的畫面，他的姑姑看著電視上的慢鏡頭，眼眶泛著淚。這是她曾經深深擁抱並熱愛過的孩子，而今正如他父親不幸言中的那樣，留下的是對他的種種記憶，而且，是悲傷的記憶。

奇士勞斯基無意去論證靈魂存在與否，我們也不要奢望從他的鏡頭底下得知他是有神論者或無神論者，儘管他在影片中處處保留著上帝的元素，但不能就此可以廉價地以爲正是談論彼岸的事。換言之，奇士勞斯基在《十誡》系列第一則故事的背景音樂，竟是帶有強烈哀慟的安魂曲，並提出了尖銳的問題：死亡，完全是以一個可能發生在我們身邊的故事作爲開始，與有神或無神並無直接的關係，卻是一個眞實存在的問題。

奇士勞斯基以最爲平凡的方式去面對生命必然會遭遇的問題，他以人們對死亡最爲通俗的說法爲背景，嘗試以「小孩」的死亡來逼問我們的悲憫，感受死亡究竟帶給了我們什麼、又帶走了什麼。

鏡頭開始和結束，透過回溯，構成了一個記憶——關於死亡的記憶。

你準備好了嗎？

從父親故作鎮定的模樣可以看出，儘管他聽到窗外傳來救護車的聲響，但顯然不相信湖面的冰破了，也不相信他那可愛的孩子波威，就是掉落湖中的那一位。我們並不知道波威的母親究竟在哪裡，也不確定爲什麼母親雖然存在，但她的存在卻讓人感到是既遙遠、又隱匿。但可以知道的是，父親與波威相依爲命，父子倆朝夕相處，情感篤厚。面對這一刻，父親完全來不及準備去接受的，即是波威留給他的——種種對於他的回憶，當然，是痛苦的記憶。

失去孩子的父親呆坐在電腦桌前，望著電腦畫面一再浮現出那奇怪的字樣：「I am ready」。

爲何電腦畫面無緣無故地出現「I am ready」的字樣？機器是有意志的嗎？機器能計算出精準的數學題，它是否也能精確地告訴我們明天會如何？電腦自動開啓，到底它想做什麼？

人的本性即是尋求確定性，不管古代崇信宗教或現代依賴科技，都與人們想把握安全的欲望有關。換言之，文明的本質即是尋求一種確定性（影片中的「下棋」、課堂提及的「翻譯」），然而，死亡至終仍是一種不確定。值得注意的是，兩次的計算（確定性）都是被不快樂的死亡所中斷的：小豬賽跑與死去的狗、氣象溫度算出湖面冰的厚度與波威落水溺斃。

奇士勞斯基究竟如何詮釋聖經十誡中的第一誡：「除了我以外，你不可以有別的神」？第一則故事的敘事，似乎把這個古老誡命變成現代人同樣意味重大、必須遵守的誡律。這誡律究竟想說明什麼？經過奇士勞斯基的故事敘事，它不再是一個宗教的教條；顯然地，他也並非以說教般的方式，把我們帶回「除了我以外，你不可以有別的神」這條誡命中。這一切的答案即在於影片後段那個「推倒聖壇」的畫面。

父親從來就表現出他不相信上帝的立場，「推倒聖壇」是否意味著他發出了最爲強烈的抗議。如果是，那是否意味著他已轉向宗教？當然，問題就在於，接著「推倒聖壇」的畫面——蠟燭油正好落在聖母的眼角。這個極爲細膩的處理，正是奇士勞斯基攝取了基督教神學最核心的敘事，即關於死亡與痛苦的事件：聖母悼子（注意：聖母手上的聖子並不是成年人，而是懷中的孩子）。

「母親」在基督教神學的十字架敘事裡一直都是缺席的，就像波威的母親一直都沒有現身一樣。聖母崇拜是天主教相當重要的信仰元素，但在整個敘事中，缺席者母親的眼淚究竟代表什麼？生在波蘭天主教背景的奇士勞斯基透過聖母的眼淚，道出死亡的無可迴避性，包括偉大的聖母也無力改變這個結局，不得不痛苦地流下淚水。她最心愛的孩子必須死去，而且，她必須獨自承受死亡帶給她的一切——對孩子的記憶。苦難源於無可迴避的記憶（這就明白佛教主張「破執」——忘缺）。

奇士勞斯基在此，似乎批判了那些想藉神蹟或科技來消弭死亡的做法。在他看來，人必然要面對死亡及其伴隨而來的痛苦，任何想藉由宗教或科技的手段來逃避死亡，即是否定了「除了我以外，你不可有別的神」的誡命，因爲生命並不在我們的手中，只有上帝才是創造主。祂主宰生命，任何人想取而代之，即是一種「僭越」。

因此，十字架這個基督教的重大敘事眞正想要表達的即是面對死亡，我們眞的無能爲力，就像聖母的命運一樣。但是，重要的是，不管我們抗拒與否，還是必須爲此做好準備。所謂的做好準備，不是要透過計算來控制生命，或以此得到安全感。如果電腦畫面出現「I am ready」的字樣是一個暗示，那麼它也許眞正想對我們說的即是：Are you ready?

特別是面對死亡的無以迴避性，重點在於：活下來的人如何面對死亡無情的打擊，並且還有勇氣活下去。畢竟死去的人已經死去，面對或體驗到死亡的是活下來的人；正是藉由他人的死，活下來的人才可能思考死亡嗎？無疑地，死亡永遠是他人的死亡，是一種犧牲；我們竟是以他人的死之代價，來獲得對死亡的理解。由於他人的死是一種純粹的禮物，對此，我們已無法償還他人所給予的一切，最終它成了債務，永遠對他人的虧欠。

眞正說來，基督教神學只有一個，就是死亡，且以死亡作爲一個重大的敘事主題（十字架事件），藉此展開對所有問題的思考。蠟燭油落在聖母的眼角，正像是聖母流淚，這並非表達某種感同身受般的同情，而是向苦難的人述說：我的遭遇與你的一樣；你的苦難我也一樣經歷過，無以倖免。聖母的眼淚也述說著一個重要的信息，死亡雖然無以逃避，而它往往是在我們極爲不確定之時到來，重要的是，你並不孤單，你並非這世界上唯一遭遇噩運的人。聖母宛如述說著，正是死亡的痛苦，帶給了我們在回憶中找回對生命的感動，也許生命的價值就在於它的易碎性。

人生的第一誡即是如何面對「死亡」，不管是自然的老死，或是意外的死亡，死亡總是一種對活著的威脅。人可以改變一切，避免某些事情不發生或發生，但是面向死亡，似乎沒有選擇。「除了我以外，你不可有別的神」的古老誡命對現代人而言，即是向我們講述「死亡」這件事，我們必須承認死亡或正視死亡，宛如正視上帝一樣，死亡用最嚴肅的口吻告誡我們：「除死亡以外，別無他物」。

古老的十條誡命的第一條「除了我以外，你不可有別的神」，對我們現代人來說，究竟還有多大的作用？死亡儘管是無可奈何，問題是：人究竟要如何走出那種源於不安全感的威脅，而萌生出的駕馭與控制的欲望？人類文明不斷實現的就是「如何不死」。偉大的文明似乎想證實的是「永恆」這件事，透過經典裡的智慧或宏偉的建築物，人類的所有話題都離不開死亡；人類所努力的一切，可以爲「文明」總結的一句話，或是爲之下個定義，即是「克服死亡」；奇士勞斯基卻向我們發出挑戰：人生的第一誡卻是「正視死亡」。

正視「死亡」

不管是持無神論的父親或持有神論的姑姑，都無法接受這個故事的結局。姑姑是否變得不信，或者父親是否變得接受有神論者，我們都不得而知，然而「信神」或「不信神」在此究竟意味著什麼？到底奇士勞斯基對於第一誡「除了我以外，你不可有別的神」中的「神」做出何種詮釋？

無論如何，我們不可能單因父親信賴科學或計算就認爲「神」對他沒有意義，也不能因發生了不幸，而高調地批評父親信賴計算或科學是錯誤的，因爲事實上，「信神」的人同樣也難於避免計算，或者，「信神」可能帶著一種迴避死亡的態度，希望可以倖免於此。顯然，這都是奇士勞斯基所質疑的。

「除了我以外，你不可有別的神」的問題不在於「除了我以外」，眞正的問題在於「我」和「別的神」有什麼差別？奇士勞斯基爲「神」做出了詮釋，這個「神」再也不是以一個「掌握命運的主宰」的樣式出現。值得留意的是，奇士勞斯基並沒有說教地把現代科技給教訓一頓，就此而廉價地把人們帶回到傳統信仰。影片中關於「神」的元素，一方面固然可以說明神祕力量，或未知，或不可知的事物是存在的。但是，眞正吸引我們的是影片中數次出現「眼淚」的畫面：波威邊講述著死去的狗而邊流淚、神祕人物望著火花擦拭著眼淚、姑姑望著電視播放的眼淚、湖邊小狗淒涼地哀叫著（我們不確定狗是否有眼淚）……。辯證地說，父親自始至終都沒有掉下眼淚。

波威因爲黃眼睛的狗凍死了，因而流下哀悼式或悲憫的眼淚。這次的眼淚是帶有控訴性的，似乎是對於自己沒有爲凍死的狗做些什麼，感到後悔不已。影片結束時最「奇蹟式」的，莫過於蠟燭油恰恰地落在聖母眼角的瞬間（注意蠟燭在基督教聖禮儀式中的象徵：燃燒自己，照亮他人）是一次最爲深刻的「啓示」，眼淚背後眞正說明的是十字架—— 十字架即是死亡。在死亡面前，沒有神蹟發生。

眼淚告訴我們的，並不是悲劇不再發生，而是一種「無能爲力」—— 即使是聖母，也只能無助地、眼睜睜地看著心愛的孩子在眼前死去。這不僅僅是在述說「我也有同樣遭遇」的感受，更重要的是，眼淚在此代表一種控訴或抗議，這就是奇士勞斯基不同於「別的神」的「神」。這位神是可以讓人們抗議或控訴的對象，這是摩西（出埃及）的神、詩篇作者的神、約伯的神、耶穌基督的神，也就是聖經的神。

奇士勞斯基並沒有刻畫出一位形而上、萬能的神，祂可以適時出來阻止災難的發生（好萊塢的「英雄」)。人們之所以信神，不正是在科技無法計算之處，留給神施行祂的作爲嗎？這樣的神無異於電腦或其他的科學技術，祂只不過是一部超級電腦，也許可以把墨水瓶破裂與湖面的冰破裂，這兩者之間的邏輯關係(徵兆)計算出來。不過，這顯然不是基督教的神。

眼淚是一種最爲嚴肅的抗議，奇士勞斯基透過死亡這個主題，逼我們正視眼淚與神的關係，這個關係正是以悖論(paradoxical)的方式存在。父親推倒了聖壇，代表著他對這位神再一次的不信任，抗議祂無情地奪去了他可愛、年幼的孩子。問題是，如果他根本就不相信有神，那麼對祂的抗議也就令人匪夷所思了；但是，也正好是他對於這樣一位神的不滿，使他不得不正視確實存在著一位神，這位神當然不是爲我準確計算湖面結冰的厚度的神，這位神當然不一定會阻止當天任何一個可能使結局發生改變的因素：假如家教老師沒有生病或缺課、假如波威和其他的小孩在岸上玩、假如父親送給波威的聖誕禮物是別的東西而不是溜冰鞋、假如……。

簡單地說，顯然這位神並沒有改變什麼。甚至，祂使我們落空的機會比對祂的期待往往更大，姑姑以「愛」來解釋神，這是最危險、最容易被經驗否絕的答案。影片的開始與結束，正是姑姑觀看著電視（象徵科技）的那一幕。

奇士勞斯基要我們正視死亡，即是要我們正視神。透過死亡，使我們經歷到一種無能爲力感，神的「無能」（powerless）正是人們可以親近祂的部分，正是十字架說明了神的「無能」，使人們感到與祂聯結的可能。

死亡的力量是強大的，人的生命就像湖面的冰一樣脆弱，但這個世界需要的並不是一個比死亡更大的力量，人們的生命眞正需要的是透過「無能」或無助，感到與祂的聯結，祂正是以一種無助的方式與我們聯結。也許，這一次父親眞的認眞地走進教堂，這是他過去的人生中從未有過的經驗，「聖母悼子」使他對於任何人的眼淚產生關注，這是在他面對冰冷的電腦計算不可能有的經驗。

回到「推倒聖壇」後的那一幕，父親在放聖水的容器中拿起了結成塊狀的冰塊，在他的額頭畫下宛如領聖體的動作。這塊圓形的冰塊，即是聖餐禮儀中代表了耶穌的聖體，是苦難的記憶。這塊冰會溶解，當這塊在他額頭上畫過的冰塊流下水滴時，正是滑向父親的眼角。我們一定注意到了，父親一直強忍著、未流過一滴淚，內心的隱痛是無人能知的，作爲聖體的冰塊溶解了，這就是他的淚水。終於，冰冷、堅硬的冰塊「溶解」了。

為什麼這塊冰完好如初沒有溶解？
如果湖面上的冰層如這塊冰塊一樣的堅實，
那麼……是否……是否就……。

Dekalog II

《十誡》之二

決定

奇士勞斯基如是說

我也試著理解哪些東西把我帶到自己生命的這一點上，因爲如果你不作這樣眞實、徹底且毫不寬待的分析，就不可能講好一個故事。如果你不了解你自己的生命，那麼我想你也不可能了解你故事中任何一個角色的生命。哲學家明白這一點，社會工作者也明白這一點，但是藝術家更應該明白這一點——尤其是那些講故事的藝術家。或許音樂家不需要作分析，但我相信作曲家需要。可能畫家也不需要。但對那些傳述生命故事的人而言：能夠眞正了解自己的生命是絕對不可或缺的。[1]

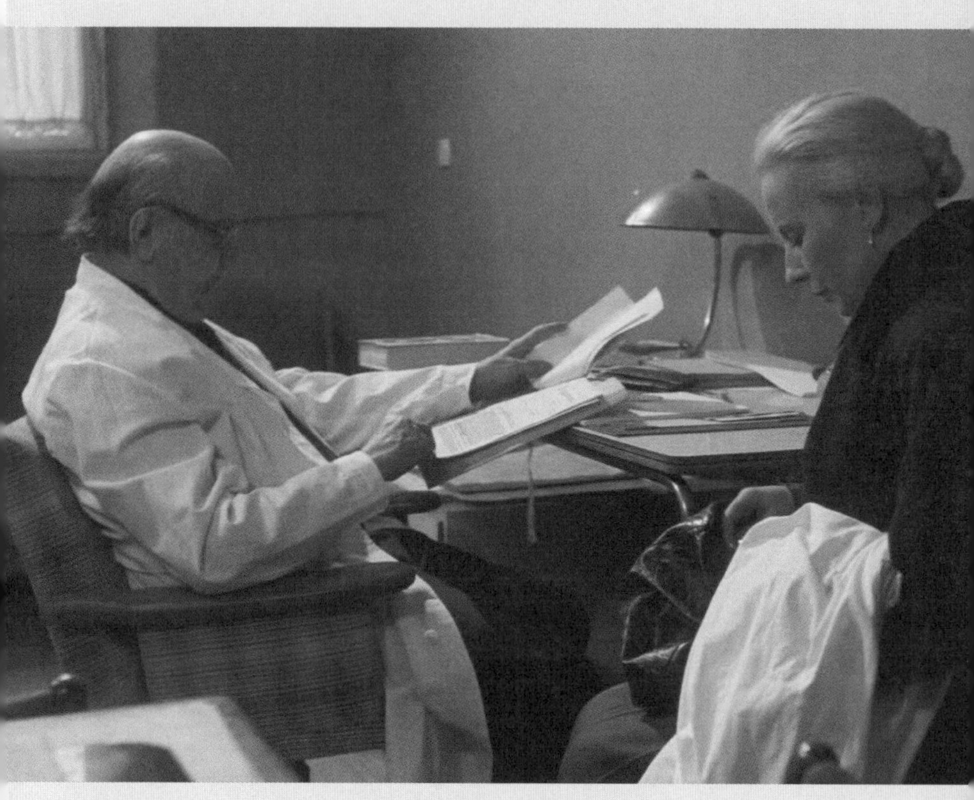

進退維谷的多拉，希望老醫生能替她作決定。

故事梗概

好些天來，老醫生發現年輕漂亮的女鄰居多拉總在自己家門前徘徊，經過詢問，多拉照實告知。原來，她的丈夫有不孕症，且三十出頭就患了癌症，是醫生的病人。多拉以爲丈夫將死，她同時懷了另一個男人的小孩，可是現在看起來丈夫的病似乎有了起色，因而猶豫到底該不該留下這孩子。她的醫生告訴她，若她墮胎將不能再懷孕。她問老醫生，丈夫是否即將死去抑或能夠好轉，如果他能活過來，她寧願墮胎也不讓他知道自己這段隱情而傷害她先生。醫生很爲難，說他無法確診出病人的生或死。數天後，多拉再次去找老醫生，必須趕快決定，因爲她的墮胎期限馬上就要過了……。

《十誡》」之一鏡頭的開始是「窗戶」，是一隻象徵著「和平」的鴿子飛到公寓的窗邊，波威用童稚的眼神望著牠。《十誡》之二鏡頭的開始，是一位清潔人員打掃地上時，突然發現一隻死兔子，隨之，鏡頭拉到同是公寓的「窗」。一扇扇的「窗」，引我們追問：是誰如此狠心地將兔子摔出窗戶？

當然，奇士勞斯基並不是要我們找出殺死兔子的兇手，他想要爲我們開啓或帶我們進入的是——每一扇窗戶背後的人們是「如何作決定」。正如我們想知道：是什麼決定了一個人把兔子從窗戶摔下？每一扇窗戶的背後，都是一則則關於決定的故事，更經常是一則則關於「痛苦地作決定」的故事：我必須作決定，但是，我需要有人幫我作決定。

愛與希望的兩難

女主角多拉糾纏著老醫生，希望老醫生為她作決定。這是一個介於「將死的丈夫與在腹中的胎兒之間，到底該保留下誰」的決定。「如果醫生告訴我說我的丈夫不會活命，我則決定留下孩子。」「如果醫生告訴我說，我的丈夫會活下來，我就不會要這孩子。」多拉面對垂死的丈夫是無助的，她希望他能好起來，卻又不見有起色；面對腹中的胎兒，時間催逼多拉必須明快地作出決定，丈夫的生或死，將決定著她腹中的小生命。

然而，通常要判斷一個人是否能夠活下來，一切都取決於醫生給什麼答案，我們才能作決定。換言之，我們必須作決定，但又作不了決定，病人的生或死，能為我們判斷的是醫生。但是，多拉想從醫生那裡得到的判斷，不僅是丈夫能否存活下來的問題，也是留不留下這個孩子的一個理由；同時，醫生的決定已不單純在於判斷多拉的丈夫活不活得下來的問題，也將決定著一個小生命的未來。

一個是多拉所愛的，另一個是她所期待的；愛與希望，兩者之間只能選一個。面對生命的重大抉擇，多拉顯得異常焦慮與躁動，她不停地抽菸，不管在什麼樣的場合，包括醫院，都不由自主地拿起菸來點；她的手總是顫抖著，焦慮的神情溢於言表。多拉是一位交響樂團的團員、小提琴手，外表出眾，氣質脫俗，但這一切在遇到人生中最爲艱難的時刻，似乎一點都不管用，音樂無法讓她平靜下來，別人對她出眾外表的稱許，聽起來也變得略爲刺耳。

這件事必須作出明快的決定，沉重的壓力逼使多拉斷絕了與外在的聯繫，她即使人在家，卻不接電話，只有音樂陪伴著她，似乎一切都變得不重要了：好友、男友、禮物、樂譜……。多拉一切的焦點和心思，都在老醫生的身上，她等待醫生回覆究竟她丈夫會不會活下來。飽受煎熬的多拉，只希望醫生用「專業」明確地告訴她，好讓她可以作出決定。

這整件事使得美麗的多拉變得暴躁、冷漠，唯一讓她稍稍平息自己情緒的，是那一幕：「她呆坐在廚房裡，俯身望著一杯冒著熱氣的茶。她用一根手指慢慢地推著杯子，一吋吋地往桌子邊推去，不一會兒，杯子被推到桌邊，直到杯子從桌子掉到地上，發出嗶啪地聲響。」接著，我們看到多拉流露出難得輕鬆的笑容。

不同於多拉之前無法折斷那株植物，暗示了生命竟如此頑強，抗拒著人們對它的任意妄爲；但是，這一次她輕易地把杯子推倒、摔碎，無動於衷地，不再理會生命的脆弱。這是多拉多日以來稍爲有過的一次表情，稍稍地讓自己喘了一口氣。這一幕，奇士勞斯基用了慢動作呈現，刻意以「緩慢」來紓解觀眾的氣氛。但這一幕與折斷葉子的那一幕類似，是帶有些許暴力傾向的，前後從猶疑到確定，多拉似乎可以鬆一口氣了，因爲她已經決定不要這小孩了。甚至，還毅然決然地拒絕了男友對她的愛。

是什麼原因讓多拉不等老醫生的答案而自己決定去墮胎？

也許在外人的目光看來，多拉之所以有如此遭遇和艱難，起源於她對丈夫的不忠。懷著的這個小孩，意味著多拉在道德上已經犯了錯誤，儘管她能以丈夫無法生育爲理由，也儘管她依然深愛她的丈夫。或許在她的內心世界裡，也承認了她的過錯，極力地想挽回丈夫，期望丈夫活過來而非死去。如果多拉不是在乎丈夫，恐怕也不會如此掙扎、痛苦。多拉打定主意以丈夫爲優先，至於腹中的胎兒，也就可要可不要了，這點從她不想再與男友有所聯繫即可得知。多拉寧要「愛情」，而放棄了「希望」。

很清楚地，我們看到多拉有悔意，但是這個悔意的代價極高，即是以墮胎來明志──她深愛著丈夫安卓。這些內心的方寸，多拉都已明明白白地告訴了醫生，等於提供更多的資料給醫生，以爲她的決定下判斷。然而，答案或理由即使明確，卻越是加重了作決定的壓力，這個壓力已從多拉轉到老醫生的身上。嚴格說來，目前老醫生所承受的，甚至已經遠遠地超過多拉。如果說多拉選擇了她的丈夫，醫生已沒有選擇，他必須站到胎兒的那一邊。事實上，多拉選擇安卓而放棄小孩，反而比較容易。至於老醫生，他有什麼理由選擇小孩，他爲了救這個胎兒，只好違反他的堅持、否定他原來的想法、宣布安卓的命已不保嗎？老醫生的根據是什麼？他的判斷沒有風險嗎？結局不是證明他錯了嗎？

一位只夠我用的上帝

老醫生堅持不對病人的病情做預測，這是出於經驗，也是出於職業倫理。多拉的苦苦逼問也絕非無矢放肆，老醫生完全了解多拉的感受，他每週向他家清潔工芭芭拉述說的故事，正是一則關於他的小孩的故事。無疑地，這個痛苦的抉擇已轉嫁給老醫生，老醫生感到無限的重負壓在身上。當多拉夜訪老醫生的家準備離開時，問道：「你相信上帝嗎？」他回答：「我有一位只夠我用的上帝。」言下之意，老醫生和他所相信的上帝，恐怕都無法爲多拉作決定。多拉走了，老醫生以疲憊神情低下頭，千斤重擔壓在老醫生身上，老醫生口中「私人的上帝」眞能幫助他嗎？他已陷入與多拉相同的絕境中：「誰來幫我作決定？」

人在最艱難時總會考慮到上帝，這一位上帝總是「對我而言」的上帝，如果對應聖經十誡的第三誡：「不可妄稱耶和華的名」，像是暗示著我們總想將一切交付上帝來代爲決定，所以造成一種「妄稱」、「強求」，最終可能還帶有支配與要脅。

十誡雖然表達除了上帝不能有別神，但這位上帝也絕非予取予求的上帝；換言之，這位上帝當然是我們私人的上帝，但並不意味：當我們有所求的時候才想到上帝。上帝總是在，祂必須在一種「有限」的意義上來把握，十誡的前三誡必須並列來理解。當記得，十誡是上帝的命令，它絕非顚倒過來。

老醫生比誰都明白抉擇的艱難，即便是他的專業，也無法提供準確的答案；作爲醫生的他，必須面對任何難以招架的抉擇，往往都是涉及到死與活的問題。事實上，老醫生也有難言之隱，他的故事就在他家客廳的那幾張照片裡：一位年輕的女子，以及兩位小孩。

每一週，老婦人芭芭拉都會到老醫生的家打掃，每週老醫生像連續劇般地講述他的故事給她聽。老醫生的信念是：「我有一位只夠我用的上帝」，說明了每個人的痛苦需要自己去面對，別寄望從別人那裡借一位上帝來用。老醫生也清楚知道自己的生命正在逐漸老去，但他堅定地走下來，敬業、樂業的生活，不在別人面前表現一種可憐或哀傷的神情，他知道他有一位夠他自己用的上帝，也知道每個人都有一則則痛苦的故事。即使如此，重點在於不放過任何的期待，生活儘管有太多的無助，如果「我有一位只夠我用的上帝」，我就相信祂是「夠用」的。

不可爲自己雕刻偶像

奇士勞斯基如何通過這則敘事，來詮釋聖經十誡的第二誡：「不可爲自己雕刻偶像」？

多拉面對人生重大的抉擇，她尋找一個可依賴的對象，把決定權交給了醫生，以使自己的負擔稍能減輕。多拉的做法是對的，醫生的天職就在於爲病人治病、爲病情作判斷；然而，醫生眞能作決定嗎？生命儘管是脆弱的，生命也充滿著各種可能性，尤其是醫生從無數個經驗中得到的教訓，生命會爲自己尋找出路，奇蹟就此發生。

「爲自己雕刻偶像」是指：我們爲逃避責任，將決定權交給我們認爲比我們「有能力」的人或物。「偶像」直指一種必然，用現代的語言來說即是「專業」，「偶像」與神蹟對立，因爲「偶像」給我們的是一種必然，它具有超人般的力量來決定我們沒有能力決定的事。奇士勞斯基不僅在電影中鋪陳了神祕的氣氛，更重要的，他告訴我們存在著奇蹟。生命也許經常是苦無出路、如履薄冰，但是，正是在「不可能」或絕望之處，不可思議的事情發生，不僅安卓的生命存活了下來、小孩的生命得以保住了，更重要的，安卓經歷了一次「復活」，他重新看待這個世界，而且，還滿懷喜悅，向醫生驕傲地說：「你知道有了小孩所代表的意義嗎？」

當然，我們並不能把「負起責任」簡單地說成是把自己當成偶像，其實，我們確實也會「雕刻自己成爲偶像」，即完全信任自己的判斷。問題是，如果依賴他人或他物作決定，以及根據自己的能力作決定都視爲是「雕刻偶像」，那麼還可能存在著第三種可能嗎？人眞的能免於「爲自己雕刻偶像」嗎？如果生命是必須作出決定，決定必須根據更堅強的理由，那麼，人們訴諸於「權威」不也是正確的嗎？

老醫生嚴守分際，沒有「為自己雕刻偶像」，所以他不相信切片的報告，老醫生也不是基於逃避責任而不願意為安卓的病情作判斷；最後，老醫生還是決定要多拉放棄墮胎的念頭，他準備承擔起所有的責任與後果。自此之後，他與多拉的不同在於，多拉放棄墮胎之後心情變得輕鬆了；但是，老醫生為他宣誓安卓活不了以後，則需要聽一場音樂會來減輕內心的重負。

老醫生一生肯定面臨過無數個攸關生死的抉擇與判斷，每一次的決定，內心都飽受煎熬，人們越是對他有所期待，他的責任和壓力就越大。老醫生的前提是捍衛生命，給予人希望，正如他捍衛多拉腹中的小孩，他同時也捍衛著希望，而且，這個希望亦代表著一個生命，一個奇蹟。

老醫生一生中最為遺憾的，莫過於他失去了希望，孤苦伶仃地面對生活，所以他越發感受到生命的寶貴，他的天職就是給予人希望，他的任務即是把人們的病治好。奇士勞斯基通過老醫生的形像來為我們現代人詮釋了「不可為自己雕刻偶像」的誡命，即不把自己當神，根據或相信自己的能力，以之作為決定的理由；同時，也不把責任推給他人，再艱難的生命遭遇也應勇於面對和負責，相信生命總有出路，抱以希望，只有希望（小孩）才是生命的出路（安卓）。

每個人都有難言之隱，不是每一種痛苦都有特定的表情；換言之，不是只有自己遇到的災難才最爲艱鉅的，任何過分高抬自己痛苦的人，都缺少一雙正視他人痛苦的眼睛，因爲他的雙眼正視的是自己。「雕刻偶像」背後的心態，即是把自己的問題放大到最大，周圍一切、所有的力量，都是爲了解決他的問題而存在。多拉從未正視老醫生的痛苦與壓力，就連老醫生表達他想聽她的音樂會時，多拉無動於衷、頭也不回地就離開老醫生的辦公室，我們都看到了老醫生因而低著頭的痛苦表情。

「爲自己雕刻偶像」即是自私地以爲自己的問題是全世界最巨大的，似乎別人的痛苦總比不上；「不可爲自己雕刻偶像」背後的邏輯即是自我中心。我們相信的上帝，是「一位只夠我用的上帝」；換言之，我們既沒有不信上帝，但也不扮演上帝的角色，相信自己遭遇到的並不是無法克服，或者別人必須對你抱以同情，多拉完全不理會老醫生的艱難，多拉對於老醫生詢問想要出席她的音樂會沒有特別的反應，多拉從頭到尾就是「爲自己雕刻偶像」，她的目光只有自己，所以選擇了「愛」而放棄了「希望」；艱難的抉擇，使她寧可放棄與她不熟悉或可能威脅到她與安卓的感情的胎兒。

不確定性帶出更多的可能

如果說，奇士勞斯基在《十誡》之一的意象是「死亡」，《十誡》之二的意象則是「復活」。即使《十誡》之二似乎給人一種壓得喘不過氣來的感覺，但結局還算美好：小孩從墮胎的死亡邊緣中被保留下來；安卓的病好了，對生命有了全新的體會和感受；多拉回到了她喜愛的音樂，重拾人生的笑容。尤其在隱喻的手法上，奇士勞斯基透過仙人掌被救活、蜜蜂從杯中掙扎、脫身，述說生命掙脫困境的頑強意志。

生命的確是脆弱的，他很可能在無法理解的情況下消失，與安卓同一間病房的病人原來好好的，卻離奇地蓋了白布，被推出病房；老醫生遭遇戰亂，原來還享受在新生兒的喜悅中，以爲一切都那麼的美好，時隔一個小時，下班返家，家卻被轟炸成一個大洞，家人也都不在了。任何意想不到的事情都可能發生，老醫生家人的遭遇以及他在醫院所看到的一切，都使他格外有感觸。

特別是老醫生第一次出現在鏡頭上時，他正好燒好了開水準備洗澡，老醫生在浴室突然感覺不適而痛苦地捉緊著浴缸，鏡頭聚焦於他的手錶，與其說這是一個時間的意象，不如說它代表著生命在無情的時間中漸漸地消失。總之，不管是自然的或是意外的，生命都是極爲不堪一擊的，何況有時還會因爲一些無法理解的理由，就像多拉只因爲丈夫可以活下來就必須把胎兒給墮掉。顯然，生命的保存比毀滅的機會難得多了。生命不是必然的，它需要小心地被呵護。

安卓是一位登山員，象徵著生命旺盛，勇於挑戰極限。然而，當看見他躺在病床上一動也不動的樣子，有誰會知道他是一位登山員呢？仙人掌也會有死亡的可能，說明了再堅強的生命，也抵不過死亡的威脅；事實上，仙人掌即便死了也沒什麼大不了，有誰會相信或在乎仙人掌也會死呢？或者，有誰會在乎那長滿著刺、又不太美觀的仙人掌是死或活呢？但老醫生在乎，他努力地養活仙人掌。

生命是脆弱的，但不意味著生活中不會有奇蹟。醫院病房的漏水，安卓聽到這個聲音特別有反應，一方面它宛如提醒著時間一刻刻地消逝，生命似乎也在消逝中，但是，生命在滴水的聲音中又彷彿被喚醒，激發生命抵抗死亡的意志。

奇士勞斯基在這一場戲中，安排一幕「蜜蜂從杯裡飲料中掙扎脫身」的意象極爲深刻，說明了生命的奇蹟。

老醫生說：「我們治療的不是X光片而是人。」生命不是X光片，我們沒有理由把生命交給那幾張X光片來作決定，生命總會有奇蹟發生。生命包含著兩面性：活下來或死去，這兩者都絕非必然，重要的在於說明生命的不確定性，正因爲它的不確定性，它就不是只有「一種」（非生即死）可能，而是有其他的可能（或生或死）。對於生命，我們只能承認對它所知的確很有限，也很無助，因而只能對它抱以更多的開放和珍惜。

影片最後，老醫生聽著安卓的話頻頻點頭，他的眼角似乎泛著些許的淚光，我們不知道他是否想到自己的不幸，或者是替安卓重拾生命以及有了自己的小孩感到欣慰。但可以肯定的是，老醫生還會面對更多類似的抉擇。當然，不會每一次的結果都是如願的，人生的故事還沒有結束，脆弱的生命仍然要面對無數個考慮、無數次的決定……。

Dekalog III

《十誡》之三

我家在哪裡？

奇士勞斯基如是說

每天我們都會遇上一個可以結束我們整個生命的選擇，而我們卻渾然不覺。我們從來不知道自己的命運是什麼，也不知道未來有什麼樣的機遇在等著我們。我所謂的命運指的是一個地方、一個社交團體、一份專業生涯，或是我們從事的工作。在情感的範疇裡，我們可以享受較大的自由，但在社會生活的範圍裡，我們卻大大地受到機遇的主宰。[1]

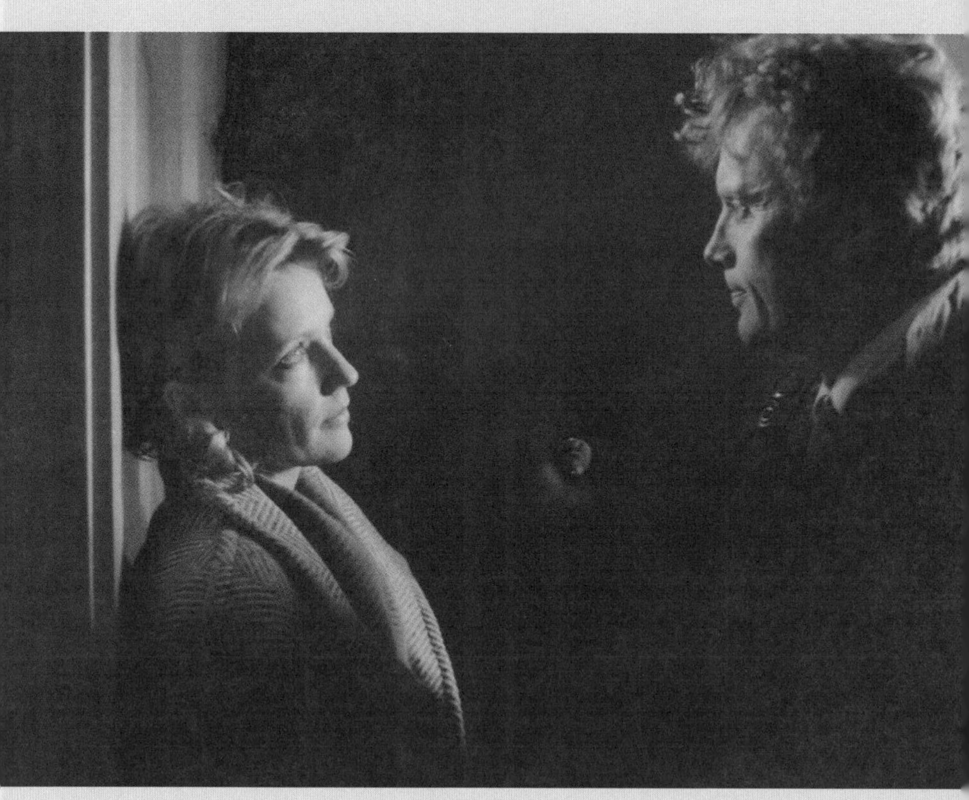

寂寞難耐的艾娃，與同情她的雅努茨會面，差點毀壞一個家。

故事梗概

聖誕夜，雅努茨一家人沉浸在幸福快樂之中。這時門鈴聲響起，雅努茨慌忙離開家。艾娃是雅努茨從前的情人，謊稱她的丈夫不見了，希望雅努茨陪她去找。雅努茨在無奈之下，開著車，與艾娃跑遍市區的醫院、車站，又回到她的家中，仍一無所獲。艾娃對雅努茨說出實話，她只想想盡辦法讓雅努茨陪她到清晨，不然就選擇自殺。雅努茨沒有責怪艾娃，兩人在清晨平靜地分手。雅努茨回到家中，妻子在沙發上等了他一夜，雅努茨輕輕喚醒妻子，妻子溫和地問他：「以後還會不會整夜不回家？」雅努茨回答：「不，不會了。」

這是一個驚險的聖誕夜，艾娃騙過了雅努茨，雅努茨騙過了妻子；差一點，這個聖誕夜就鬧出人命、會失去一個溫馨的家庭。也許，這個夜晚將發生無以挽回的事，正如雅努茨的妻子在丈夫執意要出去找失竊的車時，說出的那一句話：「值得嗎？」

這是一場充滿「謊言」的戲——受傷後的感情，竟想以瞞騙的方式來挽回些許的回憶；或者，藉此報復、要對方付出代價。艾娃的這些心境，用生命賭上一切，目的只是爲了「聖誕夜時要有人陪我度過」。

這一誡講述一則關於「寂寞」的故事。這個「寂寞」巨大到足以殺人，有人可能因爲無法撐過這個夜晚而選擇自殺，有人選擇以酒精來排解難耐的夜晚。簡單說來，奇士勞斯基把聖經十誡的「當記念安息日，守爲聖日」詮釋爲：人在節日特別感到寂寞，此一深淵可以淹沒人，所以告誡我們必須找人陪伴；安息日的安排即是回到自己的家，在家裡我們可以得到支持與溫暖。當然，這個世界上有許多的人們無緣擁有一個家，卻又渴望一個家。人不正是從離開一個家又走進另一個家嗎？人若沒有了家，生命將受到最爲巨大的威脅：這一夜，我能否成功地撐過去？

《十誡》之三的故事，發生在一個非常短暫的夜晚，這一夜，艾娃只有一個想法：一定要把雅努茨留到明早七點以後，不然她就……。

對短暫幸福的渴望

艾娃與雅努茨是一對分手的情侶，有著種種複雜的原因和不愉快的過去；在他們分手的這件事上，造成了彼此的不諒解和傷害。故事中我們發現，艾娃一再提起他們分手那天發生的事情，她怪罪雅努茨打電話給她先生，使他們的幽會曝光，結果不僅造成兩人從此離異，從此也種下她與丈夫不愉快的關係。但是，雅努茨始終堅持他沒做過那件事，無論誰是誰非，我們可看出這場不名譽的感情，留下傷痛的記憶。儘管艾娃想極力挽回一些東西，卻同時又強烈地以報復的心，認定雅努茨辜負了她。在極爲矛盾的情緒之下，看似怪罪或想報復這段感情的傷害，卻又痴醉於與雅努茨的種種美好中，我們都注意到，當報佳音的小童到訪時，倆人站立在門前接受祝福時相依偎的模樣，帶著一種幸福的感覺。哪怕這幸福是短暫的，艾娃想擁有這種感覺。

從故事的結尾我們才知道，艾娃要把雅努茨留到明早七點以後。這一件傍晚發生的事，起源於艾娃所設下的棋局，她在進行一場生死攸關的賭注：要是她成功留下雅努茨，讓他陪她度過這寂寞難耐的夜晚，她就打消自殺的念頭。但是，如果失敗呢？很明顯地，艾娃早已不想活了，她到養老院去探訪阿姨，像是在向阿姨告別，艾娃的心意已決，她選擇了一場生死的遊戲，爲自己活下去找到一個簡單卻奢望的渴求。如果把雅努茨留到明早七點以後，她相信從此命運將完全不一樣；但如果失敗，她也就沒有必要再活下去了。

因爲寂寞，因爲擔心這一夜無法度過，艾娃想找回愛情給她的撫慰，她要的僅僅是「一個夜晚」家的感覺。這是一場生死的遊戲，這場遊戲不僅是已設想了最壞的結果，其過程也充滿驚險。這絕對是一場死亡的遊戲，原因只是爲了「陪伴」，好彌補聖誕節夜晚難以排解的寂寞和孤單。儘管過去三年，艾娃也撐過去了，但是當人面對寂寞來襲時，卻不一定是「年年難過，年年過」。

在這個平安夜的夜晚，艾娃把舊情人雅努茨騙出來，編造說丈夫愛德華失蹤，需要雅努茨幫她出去找。事實上，雅努茨早已發現這是一場騙局，但他沒有立即揭穿，還配合她的演出，從醫院、住所、收容所到車站，途中發生三次可能的生命危險。這個夜晚並不平靜，雅努茨這次離家，很可能再也回不去了。

守安息日即守住寂寞

也許，雅努茨面對艾娃的正是他的同情心，也許基於對艾娃的了解，或者想彌補些什麼，正如他望彌撒時心不在焉，他似乎感到艾娃就在附近，也可能早已預感艾娃會在這種時來找他，所以他把電話線拆了。儘管艾娃抱怨雅努茨，但對於雅努茨的體貼和善良，更激起她最深的愛意。也許正是雅努茨的同情心，他了解艾娃這個人，以及自己內心對過去這段情傷仍有歉意，所以陪著艾娃瞎扯一晚。這正是雅努茨最大的弱點，在家人與艾娃之間，他以同情心選擇幫助艾娃。可是，正是雅努茨的同情心，使他深陷於危險之中；這不只是一次相伴或出遊，而是一次生死的決定。有誰能保證，雅努茨明天會平安回到自己的家呢？

艾娃說：「我要的是幫助，而不是同情。」人在極度寂寞時，總會向人求援，但又礙於自尊，不願承認自己確實痛苦難堪，不願意承認自己需要其他人相伴。尤其是艾娃舉目無親，她與愛德華早在三年前就解除婚約，除了在老人院的阿姨，雅努茨這位舊情人，就是她唯一可以信任或帶給她溫暖的人了。因爲丈夫愛德華無故的失蹤，艾娃要的是幫助；但是丈夫失蹤的事完全是她編造出來的，所以艾娃眞正想要的是同情。但是，艾娃不能承認也無法接受她目前的處境，正是基於強烈的自尊和些許的報復心理，她把雅努茨騙了出來，並把自己推向絕境。眞正說來，艾娃的矛盾即在於她不要同情，也不要幫助，儘管她極需要幫助。

十誡的第四誡：「當記念安息日，守爲聖日」，即是要我們守住寂寞。安息日一方面是使我們回到家庭的扶持與幫助中，另一方面也告誡我們要小心處理自己的寂寞。如果安息日是「聖日」，這意味著每個人必須尋找自己情感的聯結和幫助，正因爲是「聖日」，每個人必須誠實面對生活中可能遭遇的孤單與寂寞，所以必須持守住這份孤單與寂寞，不容生命受到威脅，也不容只因寂寞難耐或不願強忍面對而選擇死亡，這些均是違反誡命的表現。

奇士勞斯基深刻地捕捉到現代人（城市、汽車、安養院）最巨大的生活壓迫，即來自於內心如何面對孤單寂寞的時刻。他曾經拍過一部紀錄片《車站》，即批評當時人們生活的冷漠和無情，人來人往，卻沒有表情，也沒有關心，這是現代社會的必然。奇士勞斯基以這則故事來說明：「當記念安息日，守為聖日」，不是要打造一個富人情味的生活或城市，而是要我們「正視」寂寞的存在，也要我們「接受」寂寞的相伴。能夠擁有自己的家固然是一件幸福的事，但是這個城市到處都是無家可歸的人們；沒有家的溫暖以及失去家庭的支持，也是我們必須誠實以對的。

我家在哪裡？

這個夜晚，華沙市被厚厚的白雪覆蓋著，街上沒有行人，那輛電車似乎也空蕩蕩。這個夜晚，華沙市的市民大多躲在家裡過聖誕，而上班的人們也無精打采。可是，就是這樣的夜晚，在這種氛圍之下，城市的街頭剩下的就是那些無家可歸的醉漢，這些醉漢正唱著他們內心的渴望：「我家在哪裡？」特別是在這樣的夜晚，內心莫名的寂寞就越明顯、越煎熬。

雅努茨的妻子一夜沒有睡，守在客廳等她的丈夫回來。事實上，她早知道一切，但她選擇了原諒，原諒先生這個夜晚做的事，她深切理解到「家」對她和孩子的意義，所以在雅努茨執意要出去找回失竊的車時，說了這句話：「值得嗎？」的確，要是雅努茨今天晚上一去不返，明年的聖誕夜將再添一個家庭唱著：「我家在哪裡？」也由於雅努茨的妻子選擇原諒，家的意義更加深刻。寂寞之所以寂寞，往往不就是在仇恨之中或無法諒解的情況之下，變得更爲嚴峻和無法忍受嗎？

影片的最後，雅努茨與艾娃兩人分頭離去時各自汽車的車頭燈完成了對話的任務：向對方射去兩道充滿情意的光柱。一個在明處，一個在暗處，這種分離效果也表現出他們的感情狀態。

回到影片一開始，雅努茨穿上聖誕老公公的裝扮後，在公寓的門口碰見《十誡》之一那位失去兒子的父親。當時攝影機的視角橫移到雅努茨家的底樓窗戶外，從一個失去家庭的男人眼中，看到了另一個正在慶祝節日的家庭。那是波威的父親，可想而知，他失去兒子以後的內心和日子都何等難過，從他蒼涼的眼神和表情看來，他也是「我家在哪裡？」的提問者之一。他從窗戶外窺探屋裡一家人在聖誕夜的溫馨氣氛，隨之勾起與聖誕節有關的一件禮物：溜冰鞋的回憶。

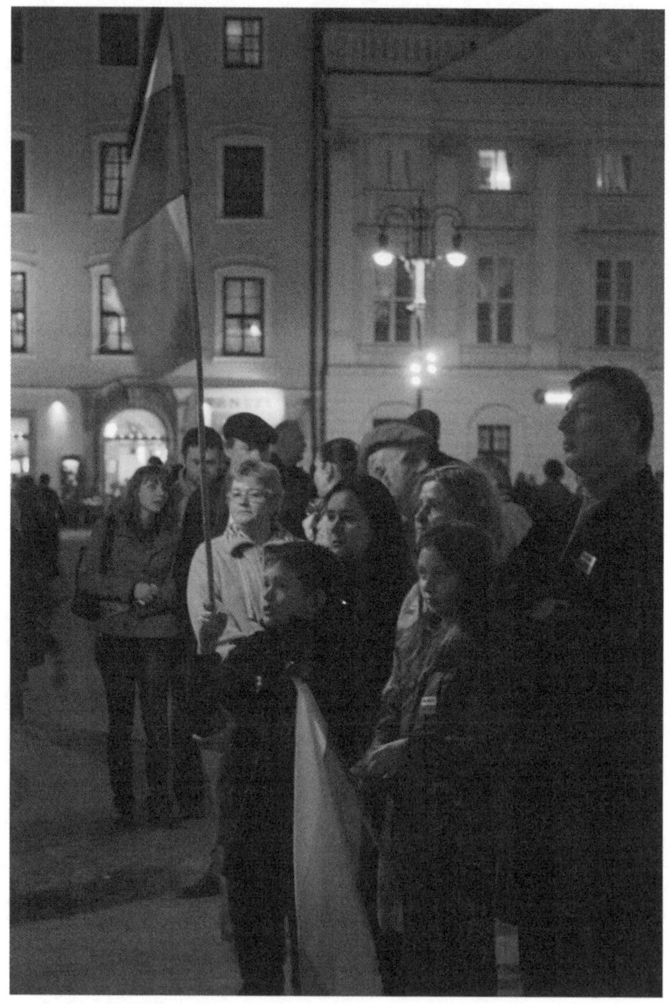

Dekalog IV

《十誡》之四

祕密

奇士勞斯基如是說

基本上，我這些人物的表現和其他電影裡的人物沒什麼差別。不過在《十誡》中，我把重心放在他們內心中，而非周遭的世界。以前我所處理的題材經常都是外在的環境，陳述周遭發生的事件，以及這些事件如何影響人群，然後人群又如何影響影響這些事件。現在，在我的作品中，我經常把這個外在世界拋開。越來越常出現的題材，是那些回到家裡，把門關起來面對自我的人們。[1]

我們在構思《十誡》的時期，常常想到這些問題。什麼是對？什麼是錯？什麼是謊言？什麼是眞相？何謂誠實？何謂不誠實？它們的本質爲何？我們又該以什麼樣的態度來對待它們？[2]

無從得知祕密的真相，讓安卡與麥克之間，存在著「欲望」與「權威」的拉扯。

故事梗概

安卡自小跟父親麥克生活，她從沒見過母親。麥克出差前提醒安卡，別忘了付抽屜裡的房租和電話費帳單。安卡卻在抽屜裡發現一封給自己的信，字跡陌生。她在樹林裡把信拆開，裡面有一個白色信封，上面寫著：「若我出事，請把它交給我女兒安卡」。麥克回到家，安卡告訴他，自己看了母親留給她的遺書，上面說麥克不是她的父親。那天晚上，他們談了很多。安卡說自己一直都在渴求麥克，只有和他在一起才能幸福。麥克承認看到安卡同男朋友在一起會很難受。安卡希望改變這種父女關係爲情侶關係，她脫下衣衫，但麥克並沒有抱她，而是把衣服蓋在她身上。

第二天清晨，安卡被開門聲驚醒，她從床上跳起，發現麥克已經離開。安卡從窗口大聲呼喊麥克，說信的內容是她自己虛構的，她根本沒有拆開母親的遺書。回家後，他們把那封信燒了，只留下一角：「親愛的女兒，我要告訴你，麥克……」。其餘的部分皆被燒了。

《十誡》之四的故事內容，乍看之下，像是佛洛伊德心理學的再現，再現爲關於「戀父情結」的故事。劇中父親麥克提到，他對女兒結交男友會嫉妒，他以爲這是爲父者的正常心理反應；而女兒安卡與其他男性朋友交往總有罪惡感，便解釋爲對父親的依戀。所以，不管父親或女兒，的確存在著一種極微妙的感情互動，如果類似戀父「情結」發生在父親，是否說明某種「父親與女兒」的（戀童）亂倫問題？看來，這些猜測都與奇士勞斯基在這個敘事底下所呈現的，並無必然的關係。

一封未曾揭開的信

事實上，這個故事主要述說一對相依爲命的父女間關係的變化，關鍵在於一封一直未曾揭開的信，那是安卡的母親生前留下的。母親在生下安卡八天後就去世了，沒人知道安卡的生父究竟是誰，信和剛出生八天就失去母親的安卡，就這樣被交給了麥克。麥克一方面撫養安卡，另一方面收好信，等待安卡長大後自己拆看信中內容。信的內容很可能是母親告訴長大後的女兒，生父究竟是誰。這封信不僅將使安卡知道父親是誰，更重要的是，它將改變麥克與安卡的角色與身分，從「父女」關係變成「男女」關係。這是奇士勞斯基的《十誡》之四所鋪陳的敘事結構。

爲什麼是一封信？它僅爲了告知安卡生父是誰嗎？拆開僅爲了給出眞相？很顯然地，解謎的作用不在於揭開安卡的生父究竟是誰，因爲環繞著這封信所代表的祕密或意義是——它將改變一種原來維繫已久的關係。

這封信宛如述說著人與人之間存在於內心，難以啓齒卻又想述說的「祕密」；這祕密是一種欲望的僭越，想使父親從權威者變成對等的情人。問題是，究竟是什麼能使這關係發生轉變？爲什麼知道了「眞相」，就可以拋棄權威？如果安卡與麥克之間是建立在權威而非眞相上，是否眞相大白就可以改變原來的權威態度？

當我們將奇士勞斯基的敘事，對比於聖經第四誡的「當孝敬父母」時，才可能揭露，僭越的欲望如何透過尋找眞相來推翻權威。奇士勞斯基用了精神分析學式的隱喻，傳達了他對人類文明的「啓蒙」思想深刻的批判。

不能公開的眞相

最終，信還是沒有被拆開，且在兩人的見證下被燒毀了。沒人知道安卡究竟是不是麥克的女兒，祕密將永遠存在於彼此內心之中。誰能說安卡說的全屬虛構？畢竟從麥克與安卡秉燭夜談的內容看來，信的內容似乎早已寫在他們的內心深處。安卡表明他對父親存在一種越過倫常關係的愛情，麥克也若無似有的感受到，對安卡同樣存在著某種自己都說不上的感情。兩人若能因信中的「眞相」，就此「順理成章」改變關係，不正是內心期待卻不敢公開的祕密嗎？安卡要求眞相，要與父親誠實以待；但她要求的不僅是眞相，而是想改變現有的關係。安卡對自己的祕密很有把握，也認爲麥克經常對這封信作出神祕且巧妙的安排和處理，傳達的正是麥克自己內心的祕密。兩人的祕密和期待，很可能是一致的。

影片一開始，麥克和安卡在復活節的早上打水仗，而他們還可以喝著小酒掏心掏肺的暢談，父女情深的確令人稱羨。從小，安卡就視麥克爲親生父親，麥克也視安卡爲自己的女兒；面對舉目無親的安卡，麥克接受請托，當一位稱職的父親。儘管他也曾懷疑安卡是否是他所親生，但始終保持分際。事實上，麥克和安卡的關係就是「父女」的倫常關係；卻也因爲他們的情感如此親密，在安卡長得亭亭玉立之後，彼此的互動就顯得越發尷尬。打水仗時，父親潑向穿著睡衣的安卡，忽然尷尬的留意到弄濕薄衣後若隱若現的身型，這一幕已經暗示，他們的親密互動在安卡的身體起了變化後，就開始變得不自然，這背後，究竟彼此心中有沒有想改變關係的欲望呢？

安卡與父親相依爲命，是一種無法割捨的感情，這感情卻在安卡長大後發生了變化。安卡不再是從前那位依賴父親的歌聲才能入睡的小女孩，她已長大，有交往的男友，還與人發生了性關係。

安卡對父親的情感，無可否認地具有強烈親情、且又帶著愛情的衝動，從她歷經男女情感的遭遇和抉擇看來，她對自己情感一再受挫的唯一解釋是：她眞正的感情歸屬是父親。安卡察覺，父親可能也有同樣的感覺，問題是，他們之間存在著一面親情倫理的牆，誰都不能逾越此界限。沒有人勇於說出內心的祕密。麥克「逆向操作」，將祕密轉到那封信上，安卡則表現在擔心「無可挽回」的事情會發生在自己與別的男友的感情上。

如果「眞相」是：麥克不是安卡的親生父親，他們之間的身分和角色將可以合理的改變，從親情變成愛情，潛藏於內心的祕密不僅得以公開，更重要的是欲望得以滿足。這是對生活和幸福的基本認知和渴望，沒有人能否認這是我們共同追求的價値和理念。

特別有趣的是，奇士勞斯基刻畫安卡是「情感豐富」的人，卻也飽受「情感豐富」之苦。安卡是戲劇系的學生，熟讀詩詞和文學，按理她最易投入感情戲，最能自然流露感情，然而，她卻在排戲時被導師批評：感情僵硬、難以發揮，可見安卡在表達感情上有嚴重的障礙，甚至幾次戀情最終都以分手結束。她認爲追根究柢，是她對父親有一種越過親情界限的依戀，即一般男女情感的依戀。解決方式是，只有在父親那裡才能獲得正常且合理的滿足。一方面父親是她欲望的權威，另一方面又是她欲望僭越的對象。安卡對父親的欲望，早已不限於親情，但礙於倫常的規範和限制，一直沒有越雷池一步，但她強烈相信，麥克也有同樣的感覺。他們之間的「眞相」是：不是親情，是愛情。但是，誰能是「第一個」公開眞相的人呢？

眞相推翻權威

安卡把幾段感情的挫折，都歸咎於是背叛親情界限的欲望與衝動所致，她甚至擔心懷了別人的小孩會傷害父親；她最不想聽見的是，父親任由她和誰有感情，或被他發現與誰上床。安卡解釋，這源於她對父親有一種比親情更深的欲望與衝動。問題是，這份欲望與衝動是合法的嗎？因之帶來的關係改變是坦蕩的嗎？這封信顯得如此重要，它作爲一個媒介，如果封塵，祕密將永遠隱藏；打開信，祕密將被揭露。安卡勇敢地踏出一步——儘管她並沒有拆信，而是虛構了信中的內容。

她眞的敢拆開信嗎？如果麥克是她親生的父親，眞相豈不將使安卡的欲望成了巨大的痛苦？信中的內容與她內心的欲望一致嗎？安卡也沒有十足的把握。

如果「眞相」是：麥克不是安卡的親生父親，因此就可以將親情轉變爲愛情嗎？在標榜追求眞相的年代，啓蒙教育奉此爲圭臬，而在追求眞相途中，最大的敵人或阻礙即是權威。奇士勞斯基要我們思考：人經由啓蒙以後，生活有變得更好嗎？權威是人必須推翻或打倒的對象嗎？奇士勞斯基在這部影片處理了非常細膩的感情問題，深入內心的欲望與衝動，尤其是透過「眞相」的揭示，推翻「權威」，更把握了現代社會在啓蒙教條底下，理所當然化的立場。

父親的形像代表一種權威，在此權威下，任何欲望都必須被壓抑，不容僭越或違反。安卡以信中的「祕密」述說自己內心的欲望，又以「眞相」合理化內心的欲望，改變長久已來熟悉的關係。換言之，父親這個權威成了欲望得以進一步伸展的障礙，否定這個權威，以眞相來揭示權威所代表的虛相，就等於摒除最根本的障礙。如果麥克不是她的父親，她內心的欲望將獲得釋放。安卡認爲麥克應該也有跟她一樣的感受，不然，麥克毫無理由抱持獨身主義，或不願見到她與其他男人發生性關係。換言之，那封有待拆開的「眞相」，將改變他們目前的關係，使欲望順理成章獲得承認。

背獨木舟的神祕客

除了那封神祕的信件，整個故事還有玄機。當安卡準備拆信時，眼前突然出現一位背起獨木舟的人。這個人在劇中共出現兩次，另一次是安卡以爲父親將離她而去，追下樓的那一刻。這兩次那人都是怪異的背起獨木舟在陸地上行走。解釋《十誡》之四的這則故事必須扣緊著那位神祕客以及他那怪異的行爲，畢竟神祕客的出現，是在兩次關鍵時刻，一是準備獲知眞相時，一是準備坦誠自己說謊時。透過這位神祕客，奇士勞斯基解釋了自己的作品。

神祕客出現之際，安卡拿起剪刀準備拆開信封。神祕客從彼岸渡到此岸，他上岸後，並沒有因爲在陸地上不再需要獨木舟，而拋在岸邊。相反地，他把這個重負背在肩上。儘管看似可笑，他仍然背負著它。透過這個意象，奇士勞斯基清楚表達，權威就像那艘獨木舟，我們不能因爲走在陸地上就忘了，它曾經把我們渡到此岸。權威不總是有用，甚至可能是一種重負，往往阻礙欲望的伸展和擴張。父女深情間無所不談的對白，使我們不得不承認，生活中的確存在著權威與欲望間的拉扯和對立。

然而，拋棄重負就得以自由、獲得幸福嗎？聖經的第四誡言「當孝敬父母」，父母即是我們世上的權威，經常也是我們的負擔。欲望總認爲權威是一種對自由的限制，甚至以眞相支持欲望，以此反對權威或拋棄權威。然而，沒有人可以選擇父母，這意味著權威是存在的事實，無法推翻。也許眞相爲麥克是不是安卡的父親提供了正確的答案，但是作爲父親的麥克就是權威，安卡想改變的不僅是與麥克的關係，她眞正想改變的是權威。安卡認爲她的不自由（包括情感上的）源於這個權威，所以她欲以眞相來消解權威。

安卡天資聰明：考上了最好的戲劇學校；測量視力時準確的預知，並讀出FATHER的英文字母；模仿母親的字跡，精心虛構信件內容。這一切都反映了安卡的目的只有一個：唯有推翻權威，才能改變關係。「當孝敬父母」告誡人們必須服從權威，如果麥克是安卡的親生父親，她就無法進一步發展她情感中所期待的：從親情變成愛情。

事實上，不管眞相是什麼，安卡都可以找到理由去推翻橫在她眼前「不合理」的東西。偏偏生活中存在著許多類似「父母」這類毫無理由、並可輕易取而代之的權威。然而，權威被推倒了，人就因此幸福了嗎？奇士勞斯基質疑「否定一切權威的欲望與想像」，雖然走在陸地上永遠比行在水面上的時間還長，但是沉重的獨木舟仍必須背在肩上，儘管是負擔，卻是必須接受的負擔，因爲它就是權威。

也許有那麼一天，我們以爲推翻權威就此變得幸福，卻可能是做了一件「無法挽回」的事。沒有人可以保證，麥克與安卡的關係改變後，就會變得比現在幸福或更好。

最後，因爲這封信被燒燬了，祕密從此死無對證。事實上，眞正的答案即在於眞相並不重要，重要的是麥克與安卡的關係必然要維繫下去。權威是我們生活中的過去、現在以及將來，儘管我們不知什麼時候需要它，但我們必須背負它。如果那夜，因爲安卡的欲望與想像，麥克越過了倫常的限制與規範，有誰可以保證之後一定不會後悔呢？

這世界很難有什麼權威，可以撐起所有的生活或倫理關係，親情也可能虛構，包括「孝敬父母」這則血緣倫理，也可能被似有若無的理由推翻。也正因爲權威是脆弱的，我們寧可保護權威，而不輕易改變原有的關係。儘管眞相可以決定一切，但沒有人敢保證確認眞相後，某種關係的改變可以讓我們比之前更爲幸福。

影片結束時，奇士勞斯基又將我們置於現代生活的兩難之中：表面上安卡尋找生父，其欲望的深處卻是尋找眞正的情人，因爲安卡最終還是把生母留給她的信燒燬了。令人懊惱的是：這是否也意味著違反了母親的意願，違反「當孝敬父母」的權威呢？

Amica

Dekalog V

《十誡》之五

殺人眞的不被許可？

奇士勞斯基如是說

無論你住在哪裡，一般來說，每個人都很孤單。[1]

我看到人們最大的困擾，以及使他們自欺最主要的原因——因爲他們都不願意承認——就是孤寂。[2]

殺人的傑克無法逃過死刑的制裁，在辯護律師的陪同下，前往服刑。

傑克的妹妹活潑可愛，一天晚上，她被一個剛跟他人喝完酒的司機開車撞死了。疼愛的妹妹死後，傑克對人生感到希望，了無生趣地從鄉下來到城市的街上閒逛，漫無目標地想找一個人殺了來洩憤，可是他找不出殺某一個人的理由。他刁難照相館老闆，侮辱廁所裡的少年，只要他們有絲毫反抗，他似乎就找到殺人的藉口。最後，他找到一個拒載的司機，費了好大力氣才把他殺死。傑克的辯護律師是個剛畢業的法界新人，聽了傑克講述的殺人動機後……。

不同於前四集故事的敘事場景，這一則多發生在戶外，甚至從私人生活推向社會生活的問題。奇士勞斯基向我們展示兩次殺人事件，一次在郊外，一次在監獄。對比之前的壓抑和寧靜，《十誡》之五中有許多暴戾和激烈的場面，奇士勞斯基似乎把所有的情緒都釋放出來。

儘管戶外場景居多，但色澤的處理，相對淡黃或昏暗；看似熱鬧的華沙街頭，瀰漫著一股殺人的氣氛，與法庭和監獄的氣氛相距不遠。這部片子充斥著奇士勞斯基的社會學眼光，或者，正是透過一個現代社會的敘事來重新理解古老的誡命：「不可殺人」。

城市的冷漠無趣

影片場景是灰濛濛的華沙。這個典型的大城市，有電影院、巨型廣場、公共廁所、速食店、計程車、大型球賽，也有最重要的警察和司法制度。這些都是「現代」社會或城市最具代表性的標誌。男主角傑克是一位鄉下青年，神情落寞地來到熱鬧的華沙。他拖著沉重的步伐，漫無目的地遊走街頭，先是進了電影院，事實上，他並不眞的要看電影。隔著窗口的售票員只顧照鏡子、拔白頭髮，瞧也沒瞧他一眼。最有趣的是他們的對白：

「對不起，這電影好看嗎？」「不怎麼樣，很無聊的。」「無聊？……是關於什麼的？」「沒什麼，是一部愛情文藝片。」「……妳在幹什麼？」「我，在拔白頭髮。」

「愛情文藝片」是一種特別的電影敘事，標誌著現代「自由」戀愛之風。不同於過去，現代電影標榜的是「個人」，不再是黨或國家之類「集體」的意識形態。但是，「愛情文藝片」竟是很無趣的東西，就像頭頂上的白髮，供人在閒來無事時，隨意拔它幾根。總之，女售票員道出了一座城市撫慰或娛樂都市人心靈的眞相，它們經由現代的電影媒介，傳達著某種被過分標榜的東西——「愛情」，然而其內容卻是：「空洞與無趣」。

話說回來，女售票員的態度，已道出都市人的眞實面目，這也許是傑克這麼一位鄉下青年，頭一次領教到的。接著，傑克詢問計程車招呼站的地點，這時漸漸看到傑克隱約的目標，卻還不知道他究竟要做什麼？

奇士勞斯基多處刻畫了城市的冷漠與無趣。除了電影院售票口的那一幕，還用了許多場景來表達：傑克對一群相互追打的人，只輕瞄一眼；在廁所無緣無故地將別人推入池子；老婦人因爲傑克妨礙到她餵鴿子而咒罵他「人渣！」；有人搭計程車時無禮地插隊；那位被傑克殺死的計程車司機，更刻畫出一個道道地地在城市討生活的人，如何穿梭於都市人之中。一切都繫於交易活動，因而認爲傑克之所以殺人不過是爲了錢。

這位計程車司機，無辜地被傑克殺害，但大概很少人會同情這位莫名其妙被殺死的人物。影片一開始，這位司機提著水桶，從我們早已熟悉的那棟大樓走出來，剛好有異物從樓頂掉下來，司機敏銳地察覺到這東西是衝著他來的，大概反映出他有些自知之明，也許因他樹敵太多。

我們對這位司機了解有限，但他肯定不討人喜歡。從許多狀況可見，這人算得上是令人討厭的，甚至他無緣無故地死去，都很難引人同情。好色、過站不停、按喇叭嚇狗等等行爲，都可能成了「該死」的理由，我們依稀憶起，當他故意按喇叭嚇走行人的小狗時，露出牙齒訕笑的模樣。該片中還出現《十誡》之二的男女主角，等待司機洗車後載他們一程，而他卻一溜煙地把車子開走了。

司機的名字在最後才出現，他叫「華馬」。不過，這也只是一個法律文件上的名字罷了。一個人的名字，在現代社會裡成爲一種法律用途。整部影片中，男主角的名字只出現過兩次：一次是律師從窗口向著正登上囚車的他直呼名字，另一次是行刑前，法官宣布褫奪公權並無上訴權利時。「名字」，究竟對一個冷漠城市有何意義？

上囚車前，律師叫了「傑克」的名字，這個動作在律師進入囚室探望時，傑克透露了激動之情：

> 當我上警車時……你喊了「傑克」……當我聽到你叫的名字時，我感動得淚流滿面，……因為你不敵視我，其他的人，……其他的人都反對我。

名字代表一個人的全部，名字被人記住、被人喚起，代表這個人的存在，甚至是這個人存在的意義。從孩提開始，我們就從他人口中聽到呼喚，以及呼喚聲傳達出來的感動。

小孩的意象

對比陰冷的城市，也許我們注意到，還有一絲絲希望或欣喜的部分，就是「小孩」。仔細分析，這部影片與「孩童」有關的部分眞的非常多。

首先，這位失意青年手中，除了殺人兇器——繩索和鋤頭——之外，就是那張有摺痕的照片，是他死去的妹妹瑪莉亞第一次領聖體時所照的，帶有聖潔和神聖的記號。這張照片正是故事的關鍵，對於妹妹的死，男主角感到極度罪疚，因而離開家鄉，獨自來到「熱鬧」的城市。如果妹妹沒有發生那場間接與他有關的死亡事故，也許就不會發生之後的事了。換言之，妹妹的死引發男主角走向絕望，走向不可知的未來，甚至犯下了殺人大錯。

片中還有許多畫面，特別清楚呈現出小孩的意象：小孩的出生（律師剛獲得新生兒）、照相館櫥窗展示著小女孩第一次領聖體的獨照、小孩天眞的笑（咖啡廳玻璃窗）、小孩的寧靜與專注（坐在廣場讓人畫像），以及計程車司機唯一被肯定的一次，是他主動停車讓路給過馬路的放學孩童。傑克唯一笑得異常燦爛的一次，是在咖啡廳，隔著窗戶把咖啡渣彈向兩位小朋友，跟他們逗著玩；還有，傑克殺了計程車司機之後，坐在車上打開廣播，正好播著動聽的「兒歌」，傑克邊聽邊流淚，與之前的暴戾臉孔判若兩人。

在奇士勞斯基的其他作品中，我們同樣發現，這麼一位被人說成「道德焦慮的導演」或「悲觀主義的形上學家」，卻對「小孩」意象刻畫得如此深刻。《十誡》之一是一個小孩的死，之二是一個小孩出生，整部《十誡》涉及小孩的還有之七、之八、之九，以及「三色」電影中的《藍》。《藍》一開始是小孩死於車禍，女主角的痛苦與孩子的死有關；但是，走出憂鬱的關鍵卻是她得知先生的情人懷了小孩。可見，「小孩」的意象成了奇士勞斯基電影中，唯一帶有令人感動和希望的元素。一個悲觀的思想家，小孩的世界往往正是他追求和嚮往的理想世界，儘管人類把這個世界推向「成人」、推向冷漠、推向無情，越來越遠離「孩童」的世界，失去天真的笑聲與動作。要理解奇士勞斯基，絕對不能錯過「小孩」的意象。

合法殺人？

剛獲得新生兒的律師，沒有一點喜悅，思緒完全被生平第一次的法庭辯護所左右。他極認眞、敏感，說得直接些就是「感情過於豐富」。然而現代社會，「感情豐富」成了沉重的負擔，法律講求的是「實事求是」，人們對於「秩序」的維護遠勝於其他事物。殘酷的行刑畫面，本來是不能公開的，只是那麼剛好，門簾斷了，絞刑的恐怖場面一覽無遺。奇士勞斯基似乎並不是要強迫我們觀看絞刑場面，他眞正想傳達的是：在這個行刑的斗室裡，法官、醫生、律師、典獄長、神父等一一到齊，每個人都因「職業」在此相遇，都如此冷靜且稱職地執行他們的「工作」；這就是現代社會的實況，一切的「感情豐富」在此止步。

有人會從「反社會」的角度解釋這則故事。但是，當我們把敘事放回「十誡」的背景理解時，奇士勞斯基嘗試解釋或表達的要比這更多。他對「法律」有深刻的著墨，「三色」電影的故事都涉及法律相關的人事物（《藍》中女主角先生外遇的對象是律師；《白》從開始到結束都糾纏在愛情與法律的兩端；《紅》的男主角是退休法官，對比著一位正進行律師考試的青年），奇士勞斯基有著比一般學者更爲銳利的眼光。

事實上，法律即一切道德倫理的臨界點，任何跨越此界限的，都將被禁止，尤其殺人更是一切倫理道德的最大考驗。傑克在沒有任何正當的理由下殺人，法律以報復的方式懲罰傑克，以最明快的方式宣布合法的殺人，律師質疑這根本是一種仿傚人類天性的做法，只不過它的行動是被「最高」主權機構——國家——所允許的。律師正代替奇士勞斯基說話，他根本地質疑法律作爲現代社會倫理的正當性，甚至質疑它是否足以承載人類生活中所遭遇的一切。

從故事的開始和結束所安排的場景看來，也許眞正的主角應該是律師。「神祕客」在兩次關鍵場景中出現：一次是傑克坐上計程車，「神祕客」正測量馬路，眼神似乎在提醒他什麼，而傑克刻意躲避；另一次出現在監獄，「神祕客」化身成油漆工人，停下來往上望，目光正對著上去探望殺人犯的律師。影片最後是律師充滿怨恨的口吻，對法律徹底絕望，正如他在考執照的辯論中提及的：「自該隱以來，懲罰制度似乎仍無法壓制人犯罪。」事實上，律師的辯才及道德良知，構成了一個更大的敘事背景，從他的法學理論和辯論內容看來，整個殺人的敘事爭議更具社會學的意義。

影片開始，滿腔熱血的青年應考律師執照，從他滔滔不絕的辯論中不難發現，這個人不僅學識豐富，對他所執業的法律也多有批判，而且句句都相當程度地切中要害。說到底，如果現代社會是根據法律來防止犯罪，他認爲聖經從一開始就已宣布這不可能。

我們還可以從篇幅較長的電影版《殺人影片》對這位律師多一些認識。就在他獲知通過律師考試的那一天，傑克也在位於克洛街的同一間咖啡廳喝咖啡。律師感到這場官司的失利自己應要完全負責，他認爲傑克有理由免於死刑。然而，結果與他的期待相反，多愁善感的他必須面對「以牙還牙」的結局。

聖經的誡命說：「不可殺人」，意思應該是否定任何形式的殺人。換言之，如果殺人不被允許是因爲「理由不充分」，那麼有「充分理由」的殺人就可以被允許嗎？

鏡子的映照

影片中多處出現與「鏡子」相關的畫面：律師準備答辯時對著一面鏡子；計程車司機推開公寓大門時，那面玻璃正好映照到一隻被吊死的貓；傑克出現在計程車的後照鏡中。鏡子是一種「之間」相互對照的媒介，從鏡子中我們更多看到的是自己。我們目光所見的、行動所表現的，似乎也映照著我們自己：一個殘酷和冰冷的世界。

「不可殺人」不僅禁止他人對我施暴，同時禁止我對他人施暴。我們眞的遵守了嗎？

之前，奇士勞斯基在《機遇之歌》已經揭示生活中的「偶然」。然而，儘管生活中有太多的偶然，現代社會並不承認「偶然」；如果承認「偶然」，一切的法律宣判將失去根據。爲了一種制度的有效，必須給「偶然」的生活做出「必然」的解釋，如果殺人不是隨機的，就說明了殺人是不正當的，所以殺人必須要有理由，而此一理由必須是充分的，此一充分的理由就不是偶然的。法律不是建立在偶然之上，相反地，它拒絕偶然，拒絕「無緣無故」。然而，傑克的殺人其實是一種「偶然」，如果沒有那天那場意外車禍，如傑克所說：「如果瑪莉亞還活著，這一切必將不一樣」。換句話說，這個世界有了「小孩」，將會很不一樣。總之，悖論地說，「小孩」總是走向「成人」的世界，這個「成人」的世界總在「孩童」的世界裡看到自己的一些狀況。

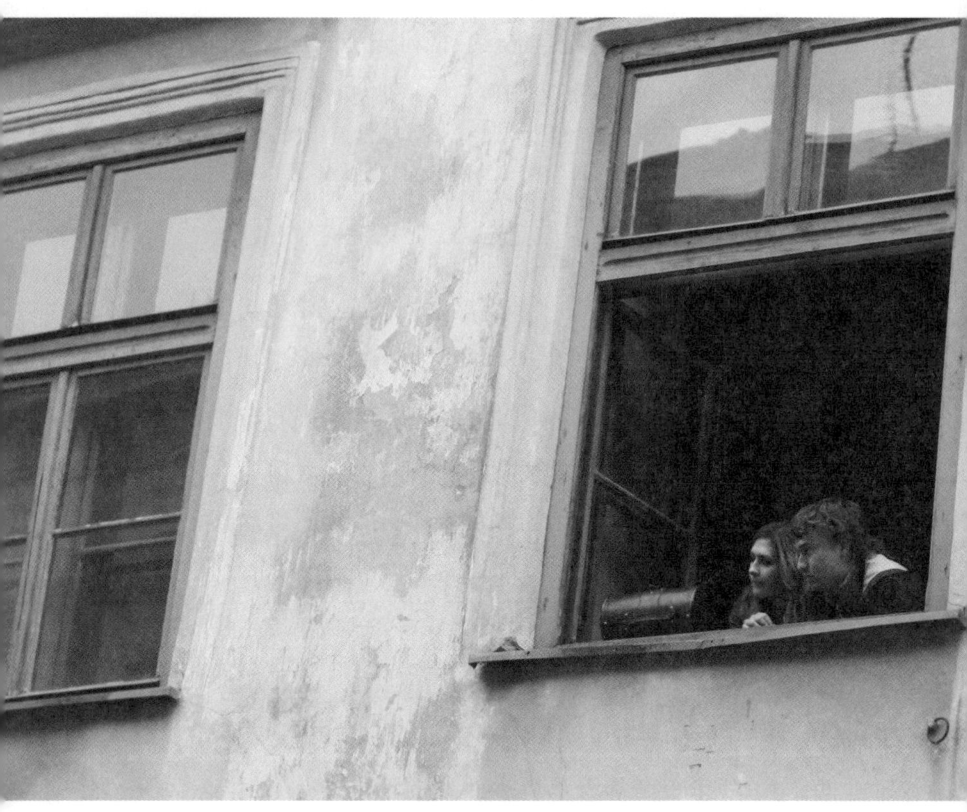

Dekalog VI

《十誡》之六
易碎的絕對

奇士勞斯基如是說

我們無暇談論感情。我想那才是眞正的癥結所在。或是我們沒有時間感受與感情有密切關係的激情。於是我們的生命就這樣從我們的指隙間流逝了。[1]

我相信每個人的生命都值得細心審視，都有屬於自己的祕密與夢想。人們羞於談論自己的生命，因爲覺得難堪，不願揭開舊創，否則便是害怕自己顯得守舊、多愁善感。[2]

初嚐愛情的多米克心碎了，瑪格達想要挽回，卻只能從玻璃窗口，遠遠看他。

故事梗概

十九歲的多米克在一家郵局工作，他暗戀著住在家對面公寓裡的瑪格達。爲了常常見到她，他僞造了匯款單，騙瑪格達去郵局，後來還偷了一架高倍望遠鏡，開始了窺視瑪格達的生活。經常有男人到她家去，他們就在多米克的注視下做愛，但是多米克感覺到她並不快樂。一次，他看到她趴在桌子上痛哭。爲了更接近心上人，多米克樂作送牛奶的臨時工。一天早上，瑪格達忘了把空奶瓶放在門口，多米克鼓足勇氣敲開了她家的門。他承認自己在偷看她，並傾吐了對她的愛。瑪格達請他一起去咖啡館，告訴他這世上沒有愛，只有做愛，然後帶他回家，換上睡衣，把多米克的手放在自己的大腿上，叫他摸進去，對他說這就是愛。多米克手顫抖著，緩緩地摸進去……。

晚上八點半，鬧鐘響起，男主角多米克打開了書桌上的台燈。接著，他就將望遠鏡瞄準公寓對面的一扇窗戶，窺視著一位妙齡女郎的一舉一動。每一天，多米克都重複地做這件事。

多米克是一位在郵局上班的年輕小伙子，像所有少年人那樣，對愛情有些好奇、憧憬，卻又經常做些違規的事。這回，多米克盯上了一位比他年長的女子，她是浪蕩不羈的熟女瑪格達，就住在同一個社區，遙對著多米克住處對面的大樓裡。藉郵局工作之便，多米克經常僞造通知領取匯款掛號信的信函，藉故以騙取她到郵局一趟，親眼見她一面；又在無意間得知社區送牛奶工作之缺，自願充當清晨送奶工人，以藉機可以在門口等她交換舊奶瓶之際，多瞧她一眼。當然，這一切都不比他在每晚八點半鬧鐘響起那一刻，用望遠鏡遙望隔著玻璃窗裡女主角的一舉一動，多米克把自己的這些種種行爲，都看作是對女主角的一種愛戀。

窺視

這則故事的內容主要環繞望遠鏡中的劇情變化展開。多米克正是透過從學校實驗室偷來的望遠鏡，窺見女主角在房子裡所做的事，特別是她周旋在幾個男士之間的親密舉止，都一一地進入他的鏡頭裡。這是奇士勞斯基對愛情的隱喻，如果愛情即是一種將彼此的距離化遠爲近，這正是望遠鏡的功能。而且，又由於仍然保持在遠距離之中，宛如不知不覺、如入無人之境，看盡了對方一切生活的所有細節，最眞實的事都是莫過於那些只在關起門以後才發生的事。包括私密行爲以及不願被人看見痛苦和難堪的那幾幕。

奇士勞斯基刻意地暗示這位青年人的「不當行爲」，像是在替觀眾製造一種對於他的行動的批判眼光：偷竊是不容許的，偷窺也是不應該的。藉望遠鏡把「偷窺」這種法律不容的規範，來說明愛情經常逾越了道德或法律的界線；甚至，它與法律或道德無關，也因爲如此，愛情的紛擾總是說不清，正如常言道：清官難斷家務事。愛情說明了，根本就不存在著所謂的「隱私」，因爲愛情只能是一種袒露，是沒有任何保留的坦露，只讓自己最爲信任的人窺見自己的一切。正因爲愛是如此徹底，一旦愛情受挫，任何人都無路可退，也因此換來的是傷害，因爲一個已將自己毫無保留地在另一個人眼前袒露，包括了他的身體和靈魂，是不可能有法子全身而退的，在結束愛情之際（多米克：「我不再窺視你了」），雙方必定都是傷痕累累的（男主角手上包裹的繃帶）。

揭穿

情竇初開的多米克，用盡各種方法想要接近瑪格達。終於，機會來了。

在一次與男友爭吵過後，瑪格達回到自己的寓所。這一夜，瑪格達獨自一人哭泣，孤獨與痛苦伴隨著她，無助的她還不經意地打翻了剛從冰箱取出來的牛奶瓶，好似事事都不如意、倒楣透了，一切平日與男友間的往來，都變得極爲虛幻。這一幕場景，卻也同樣進入多米克的鏡頭。

第二天清早，瑪格達手持通知信函來到郵局，要領取掛號信。無奈的是，她不僅沒有收到任何掛號信，還被郵局人員指責是她居心不良，編造不實通知函。在彼此大吵一頓後，瑪格達因此氣急敗壞地離開了郵局。多米克見狀，深覺不安，知道自己闖禍了，於是在瑪格達離開郵局不久之後，追出郵局。他向瑪格達坦承掛號信全是僞造的，目的只是想見她一面，結果被瑪格達羞辱了一頓。就在兩人分頭離開之際，多米克突然轉過身來，勇敢地道出「妳昨晚上哭了」這一句話，等於公開了他在偷窺她的事情。瑪格達聽了之後，她覺得不可思議，昨晚發生的事，這素未謀面的郵局小伙子怎麼會知道。一問之下，才得知多米克的所做所爲，她對此滿腹憤慨。

放蕩的瑪格達知道該晚多米克肯定又會偷窺她，於是設了一個局。正當其男友來訪欲與她發生親密行爲之際，瑪格達刻意將燈打開，並將床挪到足以讓多米克清楚看到他們所做所爲的位置。之後，她告知男友對面大樓有人正偷窺他們的行爲，於是該男友氣沖沖地走到樓下，對著窗戶叫陣，要多米克別躲，要他下來比劃一番。結果，多米克下樓，卻被他一拳重重擊倒，趴在地上，無力動彈。

瑪格達在清晨見到了昨夜被揍成鼻青眼腫的多米克，語帶嘲弄地問他爲何要偷窺，多米克低著頭誠實地表示：「因爲我愛你。」情場老手瑪格達接著問他有何願望，多米克說出了他最大的心願就是想請她吃一客冰淇淋。令人意外的是，瑪格達答應了，多米克喜從天降，高興地完全看不見此時的自己正陷於危險之中，便隻身衝到樓底下，拉著送牛奶的手推車不停地轉，完全沒有留意到身邊有一位身穿白色衣褲的「神祕客」正站在他的前頭。

當這個神祕人物再次出現時，卻是在同一天的夜晚，正是多米克拖著沉重的腳步下樓離開女主角公寓之時。此時多米克的眼神瞧了這人一眼，但他心意已決，正一步一步地走向絕境。不幸，多米克選擇了輕生這條路。這是從天堂墜入地獄的一刻，同樣是在這一位身穿白色衣褲的「神祕客」出現在他前頭之時。

渴望

多米克是一個羞澀的少年，他以爲「知道」（窺視）對方的一切就是愛上了她，愛情就是這麼簡單。但對有過幾次情場經驗的瑪格達而言，多米克太天眞了，世上並沒有眞愛，一切都不過是情欲的交換，於是瑪格達決定「開導」他，在餐廳裡，她藉由指導手觸的撫摸動作來「啓蒙」多米克。

多米克完全被這一位情場老手把玩於手中。走出餐廳，正巧一班回家的公車正駛進站，他們沒有把握是否趕得上這班車，於是下了一個遊戲性的賭注：要是坐上車，多米克就跟她回家，要是趕不上，兩人的關係就到此爲止。神奇的是，那輛已經關上車門並準備開走的公車，就在他們趕上的那一刻，車門再次打開了，這輛公車將他們一同帶回公寓。當然，也將多米克帶往破滅，甚至是絕境。

回到瑪格達的公寓，女主角洗了個澡，身上只穿著一件浴袍。瑪格達走近多米克，要他將手伸入她的下體，告訴多米克所謂的愛情就只是一種身體上的興奮。果不其然，初嚐愛情滋味的多米克承受不了如此巨大的誘惑，在雙手緊貼地滑向瑪格達的雙腿時，呼吸不由自主地急促起來，身體突然一陣抽蓄。接著，瑪格達就語帶輕挑地告訴突然：「就這樣結束了嗎？這就是愛情。」

多米克推開瑪格達，衝出房子，瑪格達以冷冷的目光，望著那離開的身影。

之後，多米克回到了自己的房子，走進了浴室，盛好了一盆水，把平時刮鬍子的刀片取了出來，在自己的手腕上狠狠地畫了過去。他的雙手泡在水裡，鮮紅的血從兩手之間漸漸地溢出，直到他昏了過去。

所幸，多米克及時地被送到醫院，撿回了一條命，但他的靈魂已經死去，手上的疤痕將永遠清晰可見。那個純情、天真的靈魂已經無法再召喚回來，在愛情的世界裡，又葬送了一條命。一次的傷痛，使人變得「成熟」了、變得「經得起傷害」，從此，多米克終將與瑪格達一樣，不再相信「愛」，卻可以有無數次的「情」。

從影片中可得知，多米克事實上是一個孤兒，他不過是寄宿於友人的家中。與他同住的一位老太太也是孤單一人，儘管有孩子，也不在她身邊，家裡除了有多米克同住，老太太唯一消磨時光的方式，就是觀看無趣的綜藝節目。

多米克沒有朋友，早上送牛奶，白天在郵局上班，晚上回家學習外語，他一天中最重要的時刻，莫過於八點半鬧鐘響起的那一刻。那天關鍵的夜晚，即是多米克看到瑪格達伏在桌上痛哭的那一幕。多米克問了與他同住的老太太：「人為什麼會哭泣？」老太太回答說：「因為生命的孤寂或悲痛。」瑪格達的哭泣是因爲對愛情的渴望沒有獲得回應，甚至受到冷酷現實無情的譏諷；多米克有沒有哭泣？有的，他以自殺的方式來表現愛情受踐踏後的絕望，此一絕望的巨大的痛苦無以用眼淚來表達，這即是多米克的哭泣。哭泣，即是因爲孤寂，亦是因爲想愛而被拒。

這個世界需要愛。不，這個世界因爲少了陪伴，每一個人都耐不住孤獨，所以渴望愛，渴望有人陪伴，渴望不再孤單，渴望不是獨自一人的生活。愛，成了一種排解，排解孤獨，讓人以爲一個人不孤獨就是有了愛。問題在於，愛即是排除孤單嗎？有了愛，就不再孤單嗎？無疑的，這即是對愛的最大誤解。

在《十誡》之三裡，我們已看到奇士勞斯基深刻地詮釋了現代人的共同命運、無法回避的個體性（強調隱私）、無法排解的孤獨。當人們總是以爲愛就是對孤獨的排除，其結果將使自己深陷於一種危險，造成對愛的不信任，或者誤用了愛，把愛僅僅視爲一種彌補或替代。

瑪格達問多米克：「你為什麼要偷窺我？」多米克回答說：「因為我愛你。」之後一連串的對答中，瑪格達把愛與接吻、做愛、伴遊等說成是與愛有關，多米克都一概地認爲不然。愛情，眞的什麼都不是？

這世界眞的沒有「愛」嗎？瑪格達想教懂多米克的，即是這一點。她用一種破滅的方式來傳達這個信息，這一種領悟也是她從創傷中獲得的。我們不要忘了在影片故事中，多米克除了用望遠鏡來接近瑪格達，他還借助於送牛奶的方式來接近她。奶汁，清醇、濃郁、潔白，它象徵著愛是最原始的渴望，宛如嬰兒從哺乳中獲得愛的撫慰一般；多米克那張羞澀而又膽怯的臉，正如呼應著一種原始的渴望、一種簡單的「不爲什麼」，如此純粹、如此不易保存，一如奶製品容易變酸。

《十誡》之六的電影版《愛情影片》最後，女主角瑪格達在那一個哭得如此傷心的夜晚，正是將剛從冰箱取出來的牛奶瓶倒翻，白色的奶汁流溢出來，瑪格達的指尖在溢流於桌上的奶汁滑動著，道出了她的渴望：清醇、濃郁、潔白的愛情。當瑪格達身子趴在桌上還不停地顫抖著，多米克突然出現了，他那雙稚嫩得像乳白色奶汁的手，輕輕地放在瑪格達的肩上，輕輕地撫觸著她。

愛情，眞的什麼都不是。當然，它也不是一種充當作排解寂寞的手段。

愛情的隱喻

不管是電視版的《十誡》之六，或是加長了的電影版《愛情影片》，奇士勞斯基這部關於愛情的作品，可以說是廿世紀最偉大的愛情電影之一。甚至，有權威評論家稱之為「無與倫比」之作。

的確，我們還眞的無法找到以如此淺顯、平緩，略帶悵惘的劇情來述說愛情，這的確是一種極為不易之事，況且愛情這一主題在電影作品中已近乎陳腔濫調，不是濫情，就是矯情。奇士勞斯基最為突出之處，即在於整部電影中，他以望遠鏡這一個物品作為對愛情的隱喻，它象徵著欲望，但其具體而為的動作即是偷窺。偷窺作為一種隱喻，是對愛情最為經典的表達。我們目前尚未見過有哪一部電影將愛情做如此深刻的詮釋，奇士勞斯基的天才就表現在處理已近乎陳腔濫調的愛情主題，仍給了一個幾近完美的表現。

愛情是一種彼此偷窺的行為，偷窺之意在此並不是指不知道對方在看他，而是指完全赤裸裸地被對方所窺視。生活中的一切，沒有任何遮掩，容對方的眼睛和目光在自己的身體從上到下打量一番。愛一個人，就是想知道他的一切；接受一個人的愛，即是意味著容許對方逾越法律和道德的界線，侵入自己靈魂最深之處。

愛情即是發生在彼此將靈魂向對方袒露的行為之中。而且，它像是在窺視著彼此一樣，是不知不覺的，一切的好或不好、歡喜或悲傷、美或醜，在情人的眼中都無所遁形。一個接受進入愛情的人，他是沒有保留的，只有當他宛如遮掩或隱匿什麼之時，愛情也就受到了考驗，一種不再讓彼此有窺視的可能，也就意味著彼此的愛情已中斷。

看過電視版的《十誡》之六觀眾，一定要看電影版的《愛情影片》，正如《十誡》之五一樣，奇士勞斯基另有一長篇的電影版本。事實上，《十誡》之五增長的部分並不影響整個劇情的內容，但是，電影版《愛情影片》的收尾則完全不一樣，不同於電視版的《十誡》之六匆匆結束在那一句「我不再窺視你了」，給人留下一種失落感。電影版《愛情影片》多出了二十分鐘，卻讓我們看到了全劇中最爲深刻的一幕：在多米克的房中，鏡頭將手上的繃帶轉向了望遠鏡，瑪格達此時將眼角挨近這副多米克曾用作窺視她的望遠鏡，鏡頭中正重演了那一個夜晚自己孤獨坐在餐桌上抽蓄哭泣的情境，突然驚覺原來她並非是一人獨自面對一切，正是在她最需要安慰的時候，有一雙手伸了過來，碰觸到她的肩頭，準備將她擁入懷中，這雙手正是多米克的手。瑪格達眼角泛著絲絲淚光，彷彿明白了，原來眞正的愛情即是：在你面對巨大的痛苦時，仍有一人守候在你身邊，給你無聲的安慰與鼓勵。這正是多米克用他手上的傷痕教懂了瑪格達的事：愛情不應該被玩弄。

最終，奇士勞斯基好像告訴我們，瑪格達似乎在多米克的痛苦中重燃對愛情的期盼，她從無動於衷變成了積極地想知道多米克的狀況，開始換了個位子，反過來用望遠鏡窺視他，她的心思（視覺）完全受到多米克的左右，她要告訴多米克：你是對的。

對強烈表達「情欲自主」的現代人而言，聖經的第六誡「不可姦淫」簡直就是違反基本人權。事實上，現代人的生活比古代更充斥著各種大小程度不一的誘惑，甚至還將某種情欲的追求和表達作為一種浪漫來理解。可以說，「不可姦淫」若不是一種教條，就是一種虛僞，難倒這一條誡命就根本地喪失其意義嗎？顯然，奇士勞斯基意識到這個問題，在這部作品中他賦予這一誡命更為嚴格的意義：不可輕易嘗試愛情。

我們習慣性將愛情的英文字Love中的「O」，形象化地繪成「心型」的符號。我們見過一個為《愛情影片》封面廣告的設計，這是一個「O」變成了一個「刀片」，這正是故事內容中一段驚心動魄的割腕畫面。觀眾若留意，一定會聽到小刀片從多米克手上畫過去的一聲。愛情，是甜蜜的，亦是人人渴望的；愛情，也是危險的，一張小刀片可以結束一個人的生命。往往，我們對於後者比較少警覺，正如我們常常忘了西方把玫瑰花比作愛情，不僅是它的美豔與氛芳，同時它還是帶刺的，一不小心就會被刺痛、刺傷流血。

奇士勞斯基最信任的電影配樂作曲家普萊斯納，在爲《愛情影片》最後女主角透過望遠鏡看來當天晚上自己哭泣的那一段，使用的是簡單的旋律，從吉他到鋼琴、從鋼琴到笛子聲，舒緩中帶有種甜蜜、哀傷中又帶有些許的安慰。這段配樂是這部以八十六分鐘編制的愛情寓言所做的最經典註腳：愛情不能「試吃」，不要輕易嘗試愛情，如果你沒有做好受傷的準備。

愛是絕對的，但又是如此易碎的。

Dekalog VII

《十誡》之七

什麼是屬於我的？

奇士勞斯基如是說

我不斷提醒那些跟我學劇本寫作及導演的年輕人，必須審視自己的生命。不是爲了寫書或寫劇本，而是爲了自己。[1]

你不自省的歲月，其實都是被浪費掉的歲月。或許你可以憑直覺去了解某些事情，但這麼一來，你所造成的結果也全是偶然的。只有當你努力自省，方能在事件中理出脈絡，明白前因後果。[2]

梅卡帶走了親生女兒瑪嘉，與「合法占有」瑪嘉的母親，進行一場身分的爭奪戰。

梅卡上中學時，愛上了教藝術的老師沃特克，但她懷孕後，老師卻拋棄了她。母親爲了梅卡的前途，將梅卡的孩子當作自己的來報戶口。幾年後，梅卡大學畢業，女兒（名義上是她的妹妹）瑪嘉已六歲，她想要回女兒，母親不同意。梅卡覺得母親當初說是爲她好，實際上是偷走了她的孩子。於是，藉一次兒童聯歡會的機會，她「偷」走了瑪嘉。她帶孩子去找沃特克，想喚起昔日的愛情，但對方卻非常冷淡，要她把孩子送回去。她央求瑪嘉叫她媽媽，但孩子習慣了對她直呼其名。梅卡再次帶女兒逃走。終於，母親在一個小車站追上了她們。火車來了，梅卡徹底心碎了，不顧母親呼喊，跳上一列不知開往何方的火車，孤獨地離去。月台上，瑪嘉追向火車行駛的方向，留下一張充滿疑惑的臉孔。

《十誡》的十則故事，除了《十誡》之六以外，其他都與小孩有關，奇士勞斯基在《十誡》之七更是直接將小孩搬上螢幕的中間，成了理解這則故事最核心的角色。

影片一開始是小孩半夜驚嚇的哭喊聲，與整部劇情一致。這個哭喊聲述說著恐懼、不滿、控訴，以幾近歇斯底里的方式，牽動著這個家庭成員的神經。奇士勞斯基自己評述這部作品時說到：

說真的，這部片子是我最不喜歡的。對我來說，故事有些太過複雜、太囉嗦，我的敘述方法很差。因為我那時身體不太好。無論如何，可確定的是，一定要將小孩的哭聲加進去，我早就知道應該加在片頭，營造一種焦慮感，但後來片子結構卻散掉了。每段情節都要有一個影像圍繞著這種焦慮感，於是我開始想要以怎樣的風格來呈現，然而我沒有掌握住這種焦慮不安，我做得不夠明顯。

幾乎所有觀眾都會同意奇士勞斯基的評述。的確，整部戲的氣氛，尤其是音樂的部分，即呈現這種焦躁和不安，故事環繞在母女之間、始終都走不出來的矛盾關係。瑪嘉卻是無辜被捲在其中，處處令人感到不舒服，對這一對母女產生極為強烈的憤慨。最後一幕，當小女兒瑪嘉在月台上掙脫老媽媽（實際上是外婆），在追趕著火車時所露出的猙獰臉孔，象徵這個扭曲變形的家庭，將永無止境地糾纏在這三代的關係中。

合法的占有

從表面看，這則故事是一樁綁架案。梅卡為了親生的孩子一同遠走高飛，精心安排，突破重重關卡。首先，梅卡取得了到加拿大的護照與簽證，在未告知母親的狀況下帶走瑪嘉。隨後，她去找女孩的生父，企圖說服他一同養育小孩。失望之餘，梅卡只好與瑪嘉獨自離去。逃走的過程中，梅卡嘗試與母親聯絡，語帶威脅地要爭取撫養權，因為瑪嘉是她親生的。若母親同意，她就與小孩一同留下來；不同意，她只好選擇與女孩離去，從此母親休想再見到瑪嘉。梅卡理直氣壯地說，瑪嘉是她生的，所以「要回自己的東西不算偷竊」。

從這場宛如綁架談判的過程中，可以看出梅卡與母親之間的緊張關係。母親向來對梅卡嚴厲以對，對她未婚生子更是不能諒解，尤其是與一位教師發生關係，而自己就是那所學校的校長。爲了遮羞，她蒙受「老蚌生珠」之冤，默默承受一切，將孩子登記在自己名下。一方面，她爲那位男老師解套，免得他被告與未成年少女發生關係；另一方面，這樣一來保護了學校的聲譽，特別是她個人的聲譽，畢竟發生這些事，總讓從事教育的她顏面盡失。

此舉看似聰明和完美，大事化小、小事化無，不僅兩全其美，更讓母親在這小孩身上找回失去的東西。原來母親生梅卡時，因爲難產而失去生育的能力，而擁有瑪嘉則彌補她想要多一個孩子的心願。然而，對梅卡而言，母親把不能生育的原因怪罪於她；在梅卡看來，母親的所有行爲都出於對她的報復。母親把瑪嘉登記在自己名下，等於是爲梅卡頂罪。在母親眼裡，梅卡不僅不懂事、惹事，甚至像個成事不足敗事有餘、倒楣透頂的人。影片中，當梅卡想喚醒作惡夢的瑪嘉時，母親過來狠狠地將她推開，直接告訴她：她不僅無力當一個母親，甚至沒有「資格」、也沒有相應的「身分」來擔任母親的角色。母親總是對梅卡嚴厲指責，她越是對瑪嘉呵護與疼愛，越表示對梅卡徹底失望。她對瑪嘉的愛成了對梅卡的恨，母親認爲自己的所有行爲都是爲梅卡，但梅卡卻完全辜負了她。正因如此，母親對瑪嘉的占有也就越顯得合情、合理，甚至合法。

偷竊或報復？

「要回自己的東西不算偷竊」，這是梅卡的話。但對母親來說卻是「我沒有拿走你任何的東西」，所有後果都是梅卡造成的：叛逆、未婚生子、無力當一個母親……。總之，梅卡必須接受自己所造成的後果。

在母親的威嚴下，梅卡總覺得自己才是眞正無辜的人。母親把不能再生育歸咎於生梅卡時的難產所致，梅卡的出生彷彿是個嚴重的錯誤，一輩子都無法獲得母親的原諒；從此，母親與她的緊張關係造成了她的叛逆性格。在家中，梅卡無法得到母親對她起碼的愛，她唯一的撫慰，就是她父親吹管的聲音（那聲音像是泰迪熊發出來的聲音，很難想像它可以安撫人，它更多使人聯想到的是恐怖和不安）。梅卡的叛逆來自她無法獲得母愛，她要以「使壞」的方式「報復」母親，而未婚生子正是最大的「報復」。她用最極端的方式羞辱母親，讓這位校長失去說服力——連自己的女兒都教不好，她在教育界更是無地自容了。

梅卡偷偷擄走瑪嘉，是再一次的「報復」，但實際上，這是「正義」的報復，因爲自己才是瑪嘉的親身母親。而且，這個報復是「神聖」的，母親一次又一次地偷走屬於她的東西：「母愛」以及「自己表現母愛的權利」。梅卡心想：前一樣東西是不可能要回來了，但後者原來就屬於自己，現在可以努力要回來！梅卡的行動更說明了，母親的所做所爲已近乎毫無人性，因爲連她要求要回自己的東西也不許，特別是完全與「生」有據的親身骨肉。梅卡相信自己可以成爲稱職的母親，她要證明自己不會像母親對待她那樣，來對待自己的親身女兒。她從母親對待她的方式，證明母親對瑪嘉的疼愛並不正常。母親爲瑪嘉講述一則「大野狼」的恐怖故事讓她做惡夢，使梅卡對母親的不懷好意更顯合理。

誰有眞正的「擁有權」？

奇士勞斯基說他本人並不喜歡這部片子，但仔細推敲便會發現，此語絕非說這不是一個好的或成功的片子。事實上，奇士勞斯基同樣是用其精神分析的手術刀，來解剖在親情或家庭中最爲驚人和複雜的關係。在法律上，我們可以界定誰是某個東西的擁有者。在此前提下，「不可偷竊」的誡命可以合理且清楚地執行。但是，在人與人之間最爲複雜的感情世界，東西的歸屬恐怕就很難說得清楚了。所謂「清官難斷家務事」，其意甚明——在家庭裡存在「私有」這件事嗎？家庭裡的所有事物，從可見的財產到不可見的感情，誰有眞正的「擁有權」？法律可能宣判「要回自己的東西不算偷竊」嗎？

我們又一次領教到奇士勞斯基的才華。他總是把古老的誡命，還原到某種更高的價値層面。他始終懷疑，自啓蒙時期以來自由主義實證法學，究竟爲我們解決了問題，還是創造了難題？「要回自己的東西不算偷竊」，有誰可以怪罪老母親呢？看似霸道跋扈的她，也有迫於無奈或是心理越不過的障礙：母性的本能以及其侷限。「要回自己的東西不算偷竊」，人們可能對她的可憐遭遇投以更多同情，但她的強烈行動，又會在瑪嘉的身上留下何種創傷呢？這一場爭奪的過程中，梅卡與母親的矛盾似乎讓瑪嘉沒有選擇地被推至浪頭。瑪嘉也許是最無辜、也是最無知的；但也因此，爲她的未來帶來不可預期的遭遇。正如影片最後，瑪嘉在月台上奔向行駛中的火車那一幕，她張開嘴彷彿想說什麼卻又不知要說什麼。她小小的心靈已能體會一種莫名的、被無情奪走的「東西」。無論她知不知道梅卡是她眞正的生母與否，她與梅卡在「綁架」途中相依爲命的關係，早已根植於她的內心中，她彷彿在吶喊：「是誰偷走了屬於我的東西？」

相較於梅卡和母親的女性角色，男性角色在這部影片中顯得被動且軟弱，梅卡的父親尤其明顯。面對強勢的母親，他只有聽命指揮，雖然梅卡可以從父親獲得最低限度的愛，這卻是一種沒有力量、無助且無奈的愛。梅卡的男友，也是瑪嘉的生父，也許因爲犯下大錯，很難再抬起頭來。他不僅丟失了教書的工作，轉行做泰迪熊和業餘的作家（本片的故事就是他正在寫作的小說）。面對自己的女兒，儘管心動，卻越不過與梅卡的情感障礙。表面看來，他爲了錯誤的行爲付出了代價；實際上，他一直沒有辦法走出這一段年少無知的陰影，他日夜構思的小說主題和內容，正說明了他無法走出因感情而誤闖的人性迷宮。同樣地，他對梅卡的冷淡，彷彿是怪罪梅卡「偷走」了他大好的前途。所以，這位名叫沃特克的年輕老師，一直逃避，面對梅卡的母親，即他過去的上司，也只能全盤托出梅卡來找過他的事，最終也沒有因爲他與瑪嘉的特殊（父女）關係，而改變梅卡與母親的關係，甚或是瑪嘉（在兩個女人爭奪間）的命運。

直呼一聲「媽咪」

在逃匿的過程中，梅卡多次要瑪嘉直呼她一聲「媽咪」，但瑪嘉似乎懂事的只願叫她一聲「梅卡」。一次又一次無功而返，讓梅卡更傷心，更無法原諒母親。瑪嘉成長過程中，一直把梅卡當作自己的姊姊。或許是老母親的灌輸，或許是早已習慣如此，瑪嘉當然堅持叫梅卡的名字，也把叫梅卡「媽咪」視爲玩笑。這一幕場景與其說是瑪嘉與梅卡的關係，不如說是梅卡與母親的關係。瑪嘉沒有直呼梅卡一聲「媽咪」，梅卡面對母親，恐怕同樣難以直呼一聲「媽咪」，因爲梅卡與母親之間，正是缺乏這種直呼「媽咪」背後所代表的感情。

在奇士勞斯基的劇本中，故事的結尾與影片有些許不同。影片最後，發生在月台上的那一幕，瑪嘉回到了老母親的身邊，梅卡看到這次計畫已完全失敗，於是跳上一列已經開始行駛的火車，心中打定主意就此告別母親、父親和女兒，宣布一切都到此結束。火車緩緩駛出月台，梅卡的臉緊貼在玻璃窗，回頭望著這幾天與她相依爲命的瑪嘉——親愛的女兒；影片的另一個鏡頭是瑪嘉從老母親的懷中掙脫，朝列車駛去的方向追趕而去，鏡頭聚焦在瑪嘉那張充滿著疑問和不解的臉孔。其實，我們在影片中聽見老母親叫了梅卡的名字，但劇本這樣寫道：

愛娃（即母親）完全失去理智似地大喊：「梅卡……，我的孩子……。」

梅卡聽不見了。火車變得越來越小。愛娃不斷地重複著最後一個詞。

這或許才是整部影片的答案：「梅卡……，我的孩子……。」這一次，母親眞正感受到失去梅卡的滋味，正如她過去幾天失去瑪嘉一樣，母親也許覺悟到，她不可能永遠爲梅卡面對困難。

「失去」是一種在情感世界中極為矛盾的經驗：只有失去的時候才會懂得珍惜擁有、思念總在分手後、分離才知道相聚的可貴……。母親過去的經驗從來就是「占有」，而不是「失去」；她想占有自己的生育權、占有梅卡的一切，她認為屬於梅卡的都是她的。梅卡的出走，走向一個她無法占有的將來。這一次，母親眞正的「失去」了，瑪嘉與梅卡已建立一種母親無法占有特別的感情。梅卡的離去也帶走了瑪嘉部分的心思，母親看著梅卡離開，看著瑪嘉追趕梅卡坐上的那列火車。這一次，因為眞正的「失去」，母親才懂得「我的孩子……」。

我們必須懂得「失去」，而非占有，才可能眞正懂得「不可偷竊」的誡命其眞正意義。這句古老的誡命絕不是一句「私有財產辯護詞」，奇士勞斯基式的質問是：嚴格說來，沒有什麼東西是「眞正」屬於我的。

Dekalog VIII

《十誡》之八

誠實可能是一種藉口

奇士勞斯基如是說

一般說來，邪惡之所以會滋生，是因爲人們總會在某個階段發現到自己沒有能力行善。邪惡的因是挫折感。無論人的改變是有意識、或無意識的，我們也不可能對人爲什麼會無力行善作出結論，因爲理由太多了，有成千上百種不同的理由！[1]

追究者獲得釋懷，愧疚者走出自責，伊莉莎白與蘇菲亞皆如釋重負。

故事梗概

小伊莉莎白是猶太人，父母都被關入集中營。一位好心的裁縫師把她藏了起來。蓋世太保即將開始大搜捕，因此必須幫她弄到一張假的出生證明。裁縫師找到了一對年輕的天主教徒夫婦。

到了約定的時間，這對夫婦顯出猶豫的神情。終於，妻子說，他們很遺憾，不能爲伊莉莎白提供假證明。最後，裁縫師找人帶孩子逃離波蘭。此後的二十幾年，伊莉莎白一直生活在沉重的負擔裡，她一心想找尋對她有恩的裁縫師和虧欠她的夫婦，於是以研究學者的身分回到華沙。那對夫婦中的丈夫已死，妻子蘇菲亞是大學哲學系倫理學教授。面對伊莉莎白，蘇菲亞講述了多年來折磨著自己的愧疚；而當伊莉莎白找到了裁縫師，他卻避而不提從前的事……。

誠實成了難題

每一天，我們都不經意地說了一些謊，或許是微不足道的事，或許是習以爲常而不以爲意。如果有一天，說謊或誠實將決定一個人的生死，我們會如何行？基於自保、但同時可能傷及他人時，「不可作假見證」就不是無條件、天經地義的，因爲其中存在著「選擇」：爲了自保，誠實成了一個藉口。

如果說謊是必要的，爲的是挽救無辜的小生命，他是否因此具備了無上的理由？相對地，誠實恐怕成了罪狀，終究都無法面對這項「錯誤的決定」，因爲「不可作假見證」的後果，即是無情地讓一個無辜者受害。奇士勞斯基在《十誡》之八中的故事，即發生在一個最艱難的時刻，整個歐洲都陷入道德的掙扎，沒有人可以在這場巨大的浩劫中保持清白。不管是倖存者或死去的人，他們都在問：我該不該說謊？爲了自保而犧牲他人，「不可作假見證」可能成爲一個罪負，這是《十誡》之八所提出最尖銳的問題。《辛德勒的名單》（*Schindler's List*）就是以此爲原型（留意，奇士勞斯基沒有把它簡化爲排猶主義），辛德勒用盡各種欺騙的手段，以援救無數即將被送往集中營、化成一堆白骨的生命。

二戰期間，波蘭可以說是歐洲慘遭納粹蹂躪最爲嚴重的國家之一。位處東歐的波蘭，境內有龐大的猶太人口。每一天，無數猶太人身處生死邊緣，集中營就近等著他們。當然，同樣嚴峻的是，它也考驗著那些非猶太人，他們要以何種態度來面對猶太人即將遭遇的殘酷對待。二戰期間最大的集中營在波蘭境內，納粹在一個默默無聞、位於克拉科夫西南約六十公里的鄰近小鎮，打造了一座人間地獄。奧斯維辛躍進歷史舞台，成爲四百零五萬條冤魂的最終旅程。這座從遠處就彷彿可以聽見從老人到小孩哀號聲的建築物，「不可作假見證」換來在毒氣室斷氣前嘶叫、哀嚎、痛苦掙扎的聲音。許多無辜的人們，從絕望走向死亡；許多倖存者，從死亡回到絕望。

猶太人在集中營的蒙難，成了人類的難題，是對

「不可作假見證」最尖銳的質問：「是就是，不是就不是」能不成爲問題嗎？如果，說謊攸關一個人的死活，它已經不是什麼倫理學課堂的作業。死活的問題考驗著我們判斷的依據：在此事、此刻，說謊是否爲必要？或是，無論如何，說謊都是不被許可的？在大屠殺期間，稀鬆平常的「說謊」成爲極端「困難」的事；無怪乎，倖存者德國哲學家阿多諾說：「奧斯維辛之後，寫詩是一種野蠻。」神學家默茨（Metz）說：「奧斯維辛之後，祈禱已不復存在。」我們不得不說，奇士勞斯基嘗試提出：「奧斯維辛之後，誠實也成了問題。」

倫理的判斷是否可能

伊莉莎白回到波蘭，想知道眞相：在那個關鍵的夜晚，一對有神論信仰的天主教夫婦，究竟爲何如此狠心鬆開救援之手，眼睜睜目送一位可愛、無辜的女孩去面對將被逮捕、送到集中營的命運？難道只是一個簡單的「不可說謊」的高尙理由嗎？顯然，這對有神論信仰的天主教夫婦，從「願意說謊」轉變爲「不能說謊」，當中的理由與自保有關。但是，自保的同時，正是將另一個人推向死亡的時刻，這樣的自保不可質疑嗎？

伊莉莎白故意以她自己的故事，挑戰知名的倫理學教授，而這位教授正是故事裡的關鍵人物；她爲了自保，「拒絕說謊」。在課堂上，倫理學教授蘇菲亞（Sophia代表的是智慧眼，是希臘哲學理性的傳統，正如亞里斯多德所教導，倫理是在辯論中被形塑的）正講述一個尖銳的倫理學範例。熟悉奇士勞斯基《十誡》影集的人一定已猜出，那就是《十誡》之二發生的故事——醫生決定說謊，好避免一個小生命因女主角墮胎而被無辜犧牲。如果「小孩的生命是至高無上的」，何以那個夜晚，蘇菲亞及其夫婿卻因爲害怕，而使一位小女孩陷於巨大的死亡威脅？「小孩的生命是至高無上的」倫理原則和判斷，眞的只是教科書上提供討論的教材嗎？

伊莉莎白舊地重遊，不是爲了看看這個曾經居住過的城市；她想知道在那個晚上，這位主張「孩子的生命至高無上」的倫理學教授，爲何會如此狠心地將一個猶太小女孩推向死亡邊緣？如果理由是「不可作假見證」，那麼她是否知道，這個理由與堅守生命的原則，彼此互相牴觸得很嚴重？伊莉莎白一直感到困惑，她之所以追問這個決定，不是出自對倫理學的提問，而是完全繫於生與死的痛苦之中。她認識到一件事實：如果生命是至高無上的，那麼「不可說謊」絕對不是自明的或無條件的。伊莉莎白並非要追究蘇菲亞的「見死不救」；她更好奇的是「倫理的判斷是可能的嗎？」抑或，「倫理的抉擇永遠是困難的，哪怕只是一個再普通不過的不可說謊」。

反觀蘇菲亞，身爲一位倫理學教授，卻背負著一段無法抹滅且不名譽的記憶。她形容自己總會留意任何一位把玩頸上項鍊的小女孩，這代表她內心的愧疚從未撫平。一次的決定，影響她一輩子的心情。從她驚惶、緊張的眼神可以看出，她一方面想打聽小孩的命運，一方面也害怕她那晚的決定已造成無法挽回的傷痛。蘇菲亞終於還是等到了這一天；倖存者活著固然令人慶幸，但同時也使她無法逃避必須面對的質問。不管當年那小孩是生或是死，她都必須承受一切——來自受害者的控訴與自責。

兩則隱喻說明長久的影響力

奇士勞斯基把故事的焦點完全放在老教授的身上。他想表達：人的一生總有些遺憾的事，甚至是一輩子的負擔、揮之不去的陰影。老教授蘇菲亞曾對一位猶太女孩見死不救。當然，她很清楚自己當時的行爲，以及她見死不救的後果。然而，她無法預知，那時候的一個決定會成爲縈繞餘生的陰影，良心的譴責如影隨形。若她作出與當時不同的決定，她存在的意義會完全不一樣。之後，她開始了解、並教導別人如何明白這樣的罪惡感。她完全清楚自己所說不過是遁辭。然而，「不可作假見證」的決定，至今仍對她造成重大的影響，包括她的倫理學課程和著作。

影片中奇士勞斯基穿插了兩則隱喻，來說明上述的看法，一是那幅無法擺正的畫，另一個則是公園裡那位做柔軟操的運動員。

每天回家，蘇菲亞都會去扶正那幅老是傾斜的畫。一般人可能會想，要不就找個辦法將它永遠固定著，要不乾脆把畫拿下來。不過，看來蘇菲亞並不覺得厭煩。這是一幅再普通不過的畫，蘇菲亞卻沒有因爲它老是無法擺正就不理會它，甚至也不認爲它無須改變。蘇菲亞的道德敏感表現在這個動作上──絕不把某種例外變成常態。因爲一旦接受了畫的傾斜，其結果將是讓此畫完全從她的意識中抹除。即便它仍然掛在那裡，已不會再引起她的關注，所以它就形同不存在。永遠必須對道德上的自我調校保持關注；即便是再普通不過的事，都不應視之為理所當然。視而不見往往可能造成終身遺憾，而蘇菲亞似乎如此提醒自己。

同樣地，每天清早去公園運動，固然是蘇菲亞保持身體健康的必要之舉，但是公園那位柔軟操運動員更吸引她的目光、更令她好奇。她已經留意他一段時期了。這位柔軟操運動員將身體柔順地捲起來——兩手按立在地，同時兩腿從身後往前彎，兩個腳尖可輕易地接觸到臉頰。蘇菲亞好奇地問運動員是如何做到的？運動員回答說，人人都可辦得到，重點是經常練習。老教授也嘗試將身體往後仰，但承認自己因為年紀大，已無法辦到了。

人生在世，面對大小不一的倫理挑戰，不可能全身而退、毫髮無傷。沒有任何人的道德修養具有超然的境界，足以應付所有的考驗。那幅無法擺正的畫以及柔軟操運動員告誡我們，倫理生活需要「時時勤拂拭，勿使惹塵埃」。我們不知道什麼時候會發生重大的倫理抉擇；一句「說謊」或「不可說謊」，可能將他人的生命推向痛苦或死亡。若缺少經常性的練習和必要的敏感，一旦面對考驗，也終將促成錯誤，一輩子背負遺憾和愧疚，難以超脫。

大學倫理學課堂所討論的故事（《十誡》之二），

與蘇菲亞本人的遭遇相同。老醫生和蘇菲亞都不得不面對兩難：說謊或不說謊的正當性都不能簡單的判斷，尤其當目的是拯救一個小孩的生命。未與伊莉莎白重逢相認之前，以及獲得伊莉莎白原諒之後，蘇菲亞同樣告訴我們：沒有什麼想法、理由，以及任何東西，比孩子的生命更加重要。

蘇菲亞窺見伊莉莎白跪在床邊祈禱的動作。這個畫面才讓她眞正釋懷，相信伊莉莎白已原諒她。一個祈禱的人，應該是懂得人的脆弱並懂得寬恕的人。那個晚上，因「不可作假見證」所帶來的愧疚，因著伊莉莎白的祈禱身影，蘇菲亞嚐到了被寬恕的滋味。第二天清早，蘇菲亞看來已沒有原先那樣凝重了。她早上運動的神情和出門的穿著，說明了如釋重負的感受。四十年的心結終於解開了——她走出記憶，獲得了眞正的寬恕。

困境與極限

影片一開始的特寫，是一隻大手牽著一隻小手，於陰暗的大樓中穿梭，與低沉的小提琴配樂，交織形成冷清、孤伶的焦慮感，襯托出納粹迫人的恐怖氣氛。我們從影片結尾得知，這是裁縫師牽著只有六歲的小伊莉莎白。伊莉莎白此行回到華沙，除了想了解當年那對夫婦，爲何以「不可作假見證」推辭援救她的計畫，還要向援救她的裁縫師報恩。打開封塵許久的記憶，四十年前，小女孩走過死亡陰影。蘇菲亞見到伊莉莎白，面對的是背負了四十年的愧疚。伊莉莎白重返波蘭，想說出等待了四十年的感恩之言。

伊莉莎白走進裁縫店，一眼就認出老裁縫師。她道出此次拜訪的心願，但老裁縫師一再拒絕談起戰時的事情。最終，伊莉莎白只好無功而返，步出裁縫店。影片結尾，伊莉莎白說道：「這是一個奇怪的城市。」此時，老裁縫師透過窗戶，看著蘇菲亞激動地抓著伊莉莎白的手。

就動機而言，蘇菲亞夫婦那天的決定是合理的，因爲她聽聞種種援救行動已被盯上，若接受這個小女孩，所有事機可能都將敗露。甚至，就宗教倫理而言，「不可說謊」是明明白白的禁令，虔誠又富愛心的她，此時此刻有可能遭遇不幸，拒絕說謊無疑是強而有力的理由。蘇菲亞向伊莉莎白坦誠，她當時誤以爲裁縫師是蓋世太保的線人，想套出蘇菲亞夫婦所有的罪證。這也使我們明白，爲何蘇菲亞送伊莉莎白去見裁縫師時，不陪她進去，畢竟，裁縫師曾是她錯誤指控的受害者。蘇菲亞可能曾找過他，尋求他的原諒，但被拒絕了。因著這種經驗，蘇菲亞判斷伊莉莎白不會去得太久，甚至會吃閉門羹，所以並沒有離得很遠。果然不幸言中，伊莉莎白很快就帶著一臉的困惑走出裁縫店。

歷經戰亂帶給人錯綜複雜的心境和記憶，這個城市究竟有多少因爲「不可作假見證」，而留下永遠無法挽回的遺憾？或許，老裁縫師最不願憶起的，是他曾因爲「作假見證」幫助別人而爲自己帶來痛苦。伊莉莎白的感恩之旅並未使他憶起喜悅，反而是痛苦，他似乎無法走出曾經因爲善行而反受陷害的苦痛。

人生總要面對各種選擇。然而，如何度過在臨界的困境？道德的尺度、人性的考驗使難度大大增加。前幾年，一部以著名哲學家爲名的影片《漢娜鄂蘭》（*Hannah Arendt*，台灣譯爲《眞理無懼》），同樣以德國納粹期間所引起的倫理問題爲題材，重新審視某種比說謊更習以爲常的反應。鄂蘭以記者的身分出席在耶路撒冷審判艾希曼的事件。令鄂蘭極爲震驚之處在於：人們可以在一種依指示辦事的情況下，不對自己的行爲進行判斷或思考；受苦者的消極和不抵抗，也共同參與在此種冷漠和無思的極惡中。

事實上，在一個深陷巨大扭曲與壓迫的年代，沒有人可以倖免於難，即便是做出正確判斷的人，都不一定感到高興。理由當然是，在那種非常時期，經常需要靠一些運氣，才能做出正確的判斷。戰爭給人帶來巨大的浩劫，有成功的故事，當然也有失敗的故事，所以任何善行都不足掛齒。之所以成功，不是因爲自己比別人有更大的道德勇氣，而是多了一點運氣。奇士勞斯基刻意不讓伊莉莎白成功地向裁縫師致意，多少有這方面的考慮，以此突顯人性的弱點，而非偉大。

正如《十誡》影集的風格，奇士勞斯基總是將人置於艱難的困境；在極限中，將人性的善惡與弱點一併拋開，讓人們沒有任何選擇，只能直接面對現實，這就是其作品中對生活深刻洞察後所體現的震撼。同樣地，奇士勞斯基在《十誡》之八裡又爲我們留下種種疑問，如此深刻而不解的人生遭遇：影片開場時那兩隻緊握的手，在影片結束時兩雙手緊握在一起；前兩隻手因善行招惹來痛苦卻未能走出傷痛，後兩雙手經過寬恕變得緊密，因而走出愧疚。

Dekalog

《十誡》之九

失去的與擁有的

奇士勞斯基如是說

無論你住在共產國家或是富裕的資本主義國家裡，一旦碰到像是「生命的意義爲何？」「爲什麼我們早晨要起床？」這類的問題，政治都不能提供任何答案。[1]

奧拉的一席話，引發羅曼去思考：究竟該在乎「失去的」還是「擁有的」。

故事梗概

外科醫生羅曼告訴妻子漢卡，自己已被確診爲性無能，勸她跟自己離婚。漢卡說：「夫妻之愛存在於心裡而非兩腿之間。」但羅曼還是因恐懼而懷疑。一天，他聽出妻子接電話的聲音有些緊張，便開始監聽她的電話，發現她與年輕的斯普勒偷偷約會。羅曼跟蹤漢卡，痛苦地傾聽他們交歡的聲音。後來，他甚至躲進了衣櫃偷看。那天，漢卡向斯普勒提分手，不再欺騙丈夫。斯普勒走後，漢卡無意間發現了暗處丈夫的眼睛，憤怒地離去。在絕望中，羅曼決定自殺……。

這一則故事的發展，主要環繞在羅曼和漢卡這對夫婦之間的關係，特別是妻子漢卡出軌、偷情的情夫，以及丈夫羅曼對妻子從懷疑到絕望的過程。故事看似突然聚焦於婚外情或外遇這類婚姻的八卦事件，不過，這些都不是該片的主題。故事最重要的一段，是在那位與羅曼夫妻沒有任何關係的年輕女病人身上，尤其羅曼與她的對話，是奇士勞斯基精心構思的問題核心。

羅曼醫生有一位年輕的女病人，名叫奧拉。女病人康復時，對羅曼說她恨他，因爲羅曼將她救活，讓她重新有了更多的欲求——想成爲歌星，擁有許多歌迷。欲望讓人重拾痛苦。畢竟，人在沒有時或失去時只想得到，得到後卻又想得到更多。欲望是永遠難以填滿的深溝。在得與失、想與不想之間，人們矛盾的心靈正受道德的檢驗，這種兩難的困境，比起婚姻出軌所引起的道德焦慮，恐怕更爲優先或根本：「究竟，擁有多少才算滿足？」

眞的不該有欲望？

故事開始即宣布羅曼罹患了無藥可治的性功能障礙，對身爲男性醫生的羅曼而言，這個宣判是莫大的打擊，似乎告訴他，不要再抱持任何希望，他的人生和一切就此打住。全片中羅曼的表情和舉止總是憂心忡忡、鬱悶、挫折。導演安排羅曼遭到妻子的背叛、矇騙、失落、無力，引起觀眾同情，使觀眾有種錯覺，以爲一切問題都在於妻子漢卡對婚姻不忠。如果她沒有背叛，這對夫妻的關係和故事發展不致如此。或者，至少羅曼不會那麼傷心，甚至決定自殺。然而，問題眞的如此嗎？

這正是這則故事最難解之處，奇士勞斯基的巧妙即在於一方面引起誤解——羅曼因爲誤解而糊塗地選擇留下遺書去尋死；另一方面，正因這個誤解加深了我們的探問——人與人之間的問題是因爲關係上遭到傷害所致，或者在於人自身深不見底的欲求，最終把矛盾擴大到關係網絡，越深陷於此苦惱，越導致關係的轉變。當欲求受到挫折，最激烈及可怕的後果，是對自己及身邊之人造成不可思議的傷害。

奇士勞斯基針對聖經第九誡「不可貪戀……」的詮釋全在此。問題是：人眞的不該有欲求嗎？

回到故事本身，羅曼與漢卡結婚、生活在一起已有很長一段時間了，但他們一直沒有小孩，兩人都過著相對獨立和自由的日子。先生是醫生，太太是旅行社或航空公司的售票員，兩人在生活上沒有太多牽絆，卻也顯得平淡和無趣。從事醫務工作的羅曼，對於生活沒有太多奢求，對妻子的態度也不算差。同樣地，漢卡也表現出對羅曼的愛意和肯定，觀眾不能將她的不忠理解爲對先生的報復或不滿。得知羅曼有性功能障礙的消息，漢卡仍安慰他；她仍肯定、努力維持這段感情，絲毫沒有結束這段婚姻的想法，爲了克服現階段婚姻的問題，甚至建議他們領養小孩，來改善夫妻的關係。

儘管劇情一再環繞在漢卡的出軌事件，但是羅曼和漢卡卻沒有就此產生激烈的衝突。當羅曼親眼目睹漢卡偷情，表現出來的卻是內疚，他認爲自己這樣偷窺是很愚蠢的，這不僅傷害了漢卡，對自己也沒有半點好處。當然，也有人會將之解讀爲，羅曼因爲懦弱，所以逃避，或無法眞正面對、解決問題。

漢卡也許是整個夫妻關係矛盾的罪魁禍首，她的不忠和背叛造成羅曼對她的懷疑；但漢卡最終下定決心徹底斷絕與情夫的關係，以最大的誠意表現她對這段感情的珍惜，以及對羅曼最爲眞實的愛。不管是否心口不一或言行不一，或者說是漢卡在情欲上的軟弱，但她確實不曾抱怨羅曼。在劇中，她說的那句極爲經典的台詞：「愛一個人是在心裡，而不是兩腿之間，或每週那幾分鐘的呻吟」，爲她與羅曼的感情做了最爲重要的註腳。在奇士勞斯基所設置的無數道德困境之中，我們最終還是看到導演在焦慮中所流露的美好願望，以及人性中的良善。

對比於漢卡出軌和偷情的戲碼，羅曼的戲分主要是竊聽、跟蹤、偷窺，他與漢卡的關係表現在這些扭曲的關係和態度上。換言之，羅曼的舉動一再表現出他不信任漢卡，以及想藉此證實自己並非問題所在，或以此作爲選擇某種對待自己的方式之理由。然而，這一切最終都讓自己抬不起頭來，如同他的性功能障礙。這個關鍵的結果和事實，似乎成了羅曼不快樂、放棄人生的理由。甚至，性功能障礙也源於這種心裡狀態——如果不信任漢卡，又怎麼可能有「正常」的床第生活？性功能更多是心理問題，而非生理問題。

這部片的攝影和剪接技巧，最成功之處在於以鏡子作爲一種反射或關係分割的隱喻。例如，在第一個場景中，漢卡從噩夢中驚醒，喊叫著羅曼的名字時，她在鏡中反射的形像，與羅曼坐在他的醫生友人辦公室中的場景彼此交錯；很快地，接下來的鏡頭從一個角色切換到另一個角色，加強了這種關聯。同時，透過鏡子的分割作用，也表現夫婦兩人貌合神離，攝影機要捕捉的就是這種婚姻破裂的跡象。例如，他們坐電梯到公寓時，燈光不是照在羅曼的臉上，就是照在漢卡的臉上。當然，最深刻的莫過於羅曼躲在漢卡母親的公寓時，衣櫃的分割和光線的透露，就像一面鏡子般。還有，他們在浴室談判時，兩人在鏡子前，相互照射，彷彿要揭示彼此的內心世界。

夫妻婚姻亮紅燈，或不忠與背叛的戲碼，已不是什麼新鮮事，奇士勞斯基不會把焦點放在此。當然，大部分的觀眾視「通姦」爲本集主題，也是意料中事。這個主題應該與聖經十誡的第六誡有關，但奇士勞斯基的重點似乎不在此，他的解釋是：「聖經的第六誡與本片第九誡的重點不一樣。第六誡是身體上、行為上的不貞，而第九誡則完全是思想上的問題。當然，我們可以將影片順序對調，但這不是重點。事實上，故事內容並不重要，男主角太太紅杏出牆並非重點，她或許也可以不去找別的男人，這純粹只是個插曲，藉以推動整個故事。

真正腐蝕主角內心的是嫉妒，這才是問題所在，是思想上的猥褻和僭越。聖經上第九誡說到：『不可貪戀他人妻子』，也可以解釋成應該嚮往自己的妻子，但他不這麼做，只是讓嫉妒來折磨自己。就算他的妻子沒有紅杏出牆，他照樣會有懷疑、嫉妒之心，而他的性無能則是讓他對未來不抱希望之因。」

這是爲何《十誡》之九也被稱作「嫉妒短片」。

眞正的欲望：塡補匱乏與缺陷

我們從劇中知道，羅曼對此段婚姻已不抱希望。得知自己罹患不治之症，他甚至鼓勵漢卡去找別的情人，滿足生理上的需要。然而，這並不表示無條件或絕對的信任。相反地，這實爲一種試探，爲要證實自己的欲望之所以受挫是與漢卡有關。於是從猜疑到證實，羅曼不僅開始監聽妻子的電話、持有她母親公寓的備份鑰匙（漢卡與情夫幽會的場所），甚至從衣櫃裡窺視他們做愛，兩人的呻吟聲聽在羅曼的耳中格外的痛苦、難堪。

漢卡與情夫分手後，在衣櫃裡發現了羅曼。儘管她一開始很憤怒，彼此相互羞辱，卻意外地拉近兩人的距離，於是雙方以最大的誠意，解決彼此之間不信任或猜疑的問題。漢卡決意與情夫斷絕關係，重新回到夫妻的生活中，羅曼也願意相信漢卡的承諾，以新的期望迎接未來。故事發展至此，卻開啓另一個高潮。因著一個小事件，漢卡的承諾再次掀起巨浪。漢卡計畫上山滑雪，並重申自己單獨前往，不料，情夫偷偷地尾隨，更不幸的是，羅曼竟撞見，情夫亦準備去滑雪。雖然完全是誤會一場，但羅曼的猜疑已不再有其他的轉圜空間，看在羅曼的眼裡，這一幕已沒有什麼好說的了。他徹底放棄了，不僅認爲已無法挽回這段夫妻關係，也再沒有勇氣面對自己。他決定結束自己的生命。他清早起來，留下遺書，例行性地出門騎腳踏車，但是這次，他騎向歧路，騎向死亡，從高架道路上重重地摔下。

羅曼從與漢卡之間的傷害，走向對自己的傷害。本質上，欲望即是「我」的欲望，所欲求的無法滿足，受折磨的終究是自己，羅曼鬱鬱寡歡的原因即在此，甚至生活全都陷於猜忌和恐懼之中。猜忌，最終是想證明自己所想的是眞實發生的；恐懼，卻是因爲害怕自己所想的竟然眞的發生了。其實，羅曼並不想如此，但他苦無出路，就像他的性功能障礙已宣告不治一樣，也正如他車上那個總是無緣無故就自行打開的抽屜，不想面對的，又得面對。然而，羅曼面對的是一個黑暗的箱子，以及一本記錄著所有記憶的筆記本。

筆記本裡到底寫了什麼，我們不得而知，但羅曼的種種反應，似乎與他的欲望有關。羅曼鼓起勇氣將它丟進垃圾箱，不過後來卻又回頭把它撿回來。筆記本上沾染了油污，但他還是不願將它「忘記」。欲望正像一個無底、黑暗的深淵，總是左右我們的視線，總是無緣無故地打開，提醒我們些什麼；欲望是難以割捨的，它像揮之不去的記憶，總是一再地被喚起，越陷越深，無法自拔。

羅曼偷接電話分線，是想窺探自己失去的東西；羅曼藏身在衣櫃裡，實爲對自己所失去的一次報復。嫉妒，是對自己所沒有的東西的怨恨，是欲望的一次挫敗。而且，一次一次地挫敗後，又加深了欲求，就像他不斷地想知道更多關於漢卡不可告人的隱情，無法自拔。竊聽或偷竊，是對嫉妒的隱喻，也是一種欲望的表現。我們可以爲嫉妒找許多理由或藉口，竊聽或偷竊是一種證明的手法。背叛也需要理由，以正當化這種源於欲望的衝動，藉此證明它並非源於自己。最終，它可能帶來最爲激烈的手段，即是對自己的背叛，就如羅曼以輕生來消除這一切無法承受的苦果。

羅曼對漢卡的不信任，源於自己的匱乏或缺陷：

「我願意相信，但我沒有能力相信。」

消除欲望：述說自己所擁有的

愛唱歌的年輕女病人奧拉告訴羅曼醫生，她只想過簡單和平淡的生活。對她而言，自己所擁有的完全足夠了，即使她天生有好嗓子，卻不想當歌星。奧拉知道自己心臟不好，不適合往音樂這條路發展，但她母親認爲，既然有好的歌聲，就應該往歌唱之路發展，將來功成名就，才能擁有一切。奧拉喜好音樂，完全享受於其中，然而，儘管有好的條件，她卻沒有因此把對音樂的喜好，變爲成名的欲望。

與奧拉對話，常令羅曼覺得不可思議。當他問及，難道她眞的不想走上唱歌這條路嗎？奧拉回答：「我只想活著，活著對我而言已經足夠了，我不是非得唱歌的。」奧拉甚至表示，她只想過平凡的日子，有自己的家庭，生兩、三個孩子，住在遠離市中心的地方，就足夠了。總之，奧拉並不想擁有更多，生活僅僅如此也就足夠了。

奧拉的確酷愛音樂，她可以輕易地哼唱一兩句，尤其喜愛馬勒的音樂。片中有一位古典作曲家范・登・

布登麥亞，奧拉喜歡哼唱他的作品，並將他介紹給羅曼。羅曼還特別買了范・登・布登麥亞的唱片，回家播放，想像自己也陶醉其中。顯然，不是羅曼懂得音樂或喜歡上音樂，相反地，他是受到奧拉無欲無求的自足和簡單的生活所吸引。相較於醫生，奧拉的生活實屬單調和無趣，卻又似乎說服了羅曼改變自己的想法。但是，人眞的不會在乎自己沒有的或失去的嗎？

劇中，奧拉最後仍死於心臟手術，羅曼則比她幸運得多。在影片的最後一段，羅曼不巧地發現了漢卡的情人同樣要去滑雪，他有理由相信漢卡又一次欺騙了他。在絕望之際，他留下遺書準備自殺，按著每天清晨的習慣，出門騎腳踏車，這次卻騎向斷崖的方向，最後從斷崖處落下，想就此了結生命。漢卡在滑雪場見到了情夫，心中閃過不祥的念頭，擔心丈夫可能會因誤會而出事，也擔心因此影響他們的復合，在無法以電話聯繫的情況之下，來不及換下滑雪衣就乘著第一班巴士，趕回家去了。

所幸羅曼沒有生命危險，在醫院打著石膏，心中仍惦念著漢卡，他還可以清楚唸出家裡的電話號碼，請護士小姐幫他撥電話。他似乎也有預感，漢卡正急著找他。在家的這一邊，漢卡從電話旁的紙條絕望地讀到羅曼的自殺留言，她似乎已做了最壞的打算，在傷心欲絕之際，電話響起，話筒傳來羅曼微弱的聲音。這樣的結局算得上美好。

本集是《十誡》中「最具希區考克式」色彩的一部。具有諷刺意味的是，影片的開始和結束都與電話有關，開頭是謊言、猜疑、不信任和傷害；結尾則是從死亡中回來，是珍惜、諒解與復合。這一次的生死一瞬間，不是「沒有的」，也不是「失去的」，而是「擁有的」，將兩人的心靈眞正地聯結起來。

附帶一提，范・登・布登麥亞完全是奇士勞斯基虛構出來的人物，音樂史上根本不存在這麼一位古典大師。可是奇士勞斯基曾經說過，與他合作的配樂大師普萊斯納即是這樣一位古典大師，在他心目中，普萊斯納就是范・登・布登麥亞。也許，奇士勞斯基喜歡普萊斯納的理由，正是因爲在他的音樂中有一種不爲欲望所驅動的純粹，就像奧拉的歌聲那樣乾淨。奧拉的歌聲哼唱著一種完全不來自欲望的東西，因爲她述說的是她所擁有的。

《十誡》之十

專注於己的欲望

奇士勞斯基如是說

我拍過的電影，從第一部到最近的幾部，每一部都在講一群找不到自己方向、不曉得該如何生活、不知道什麼是對、什麼是錯的人——一些迫切在尋找的人們，他們企圖尋找一些最基本的答案，像是：這一切都是爲了什麼？早晨爲什麼要起床？晚上爲什麼要睡覺？又何苦再起床？從這次醒來到下一次醒來之間，該如何打發時間？你該怎麼過日子，才能讓自己在早晨的時候能夠心平氣和地刮鬍子或化妝？[1]

荷茲和亞瑟兩兄弟，因著父親遺留下來的郵票，落入一場荒謬的試探。

故事梗概

父親突然逝世，久未見面的兩兄弟於葬禮上重聚。二人從未進過父親生前的套房。他們想盡辦法進入屋内，卻意外發現父親生前珍藏的大量郵票，是一筆龐大的遺產。這是父親三十年的心血，兩兄弟決定好好保管。父親的一位友人勸他們要積極，找到獨缺的郵票，那枚郵票是一八五一年的奧地利紅色水星。於是，他們輾轉找到收藏者，並協議以一顆腎臟換取這枚郵票，因爲這套郵票價值連城。開刀取腎那晚，父親的房間遭竊，所有郵票不翼而飛，兩兄弟彼此猜疑，但最後，發現兩人被他人所騙，兩兄弟爲這一切哭笑不得……。

本片開始，是一段搖滾演唱的吵鬧現場，歌曲這麼唱著：

殺，殺，殺
殺，通姦啊，通姦
去找別的女人；貪戀吧，貪戀
整整一週
整整一週
在星期天毆打母親吧，毆打父親，
毆打你的姊妹吧，
毆打所有比你小和比你弱的人
去偷盜吧，因為一切你周圍的東西
便是你的一切……

戲一開場，老先生死了，宛如就此不存在，但他在世時的種種，卻引起兩位兒子的好奇：父親在世時如何生活？這位令人不解的老父親，爲何如此專注於他喜歡的東西？

荷茲和亞瑟兩兄弟，因著父親的逝世而重聚，他們在整理父親的遺物時，發現了驚人的內幕。他們完全沒有想到，父親省吃儉用，過著極爲貧困、悽涼的日子，竟然是爲了一些看來毫無意義的郵票。

長久以來，我們被聖經十誡的偉大所震懾，然而，我們是否眞的涉足這樣一個無所不包、又極爲嚴肅的話題？上述這首〈亞瑟之歌〉（*Lied Arturs*），道盡貪戀所引來的問題，慘無人寰、是非顚倒，只因爲我們都想占有某人或某物。聖經的第十誡提到：「不可貪戀你鄰居的財物。」這不只是一句警語；也是一種決定人與世界、與自己之關係的人生觀。

奇士勞斯基在《十誡》之九以「占有」處理欲望這個主題，在《十誡》之十則從「模仿」的角度切入。

欲望可以模仿嗎？

相較之下，哥哥荷茲略嫌笨拙、貪小便宜，弟弟亞瑟則較像父親，表現在全神貫注於自己所鍾愛的事情。

父親對亞瑟的欣賞，也可從他私下收集亞瑟於報刊上的報導看出。

亞瑟是「城市之死」樂團的主唱。在台上聲嘶力竭的他，竟窮得只剩下一台老舊的擴音器，而這台老舊的擴音器也賣不到多少錢。可見，亞瑟的樂團生活與老父親一樣，都專注於自己的喜好或樂趣，只要可以過生活，完全不作他想，再窮也能從喜好中獲得滿足。我們可以說亞瑟沒有貪戀什麼；只是，在老父親過世後，他放棄樂團，爲了與哥哥守護「龐大」的遺產。突然間，他彷彿開始覺得錢是重要的。集郵不是他的專長，但他還是嘗試去理解。從故事的發展可以看出，亞瑟不僅比哥哥機靈，也比哥哥投入，繼承了老父親的基因，難怪老父親沒有忘記這個孩子。

《十誡》之十是一部黑色喜劇，諷刺人們的癖好、貪戀和利己主義。奇士勞斯基告誡我們，重要的是做回自己，一切貪戀都出於不懂得珍惜自己所擁有的，也未能專注於自己所熟悉、並感興趣的。當然，從歌唱突然轉成集郵，三兩下的功夫肯定是不行的。果然，亞瑟與哥哥聯手合作最終還是失敗，他們不僅失去了所有的郵票，荷茲還被騙，甚至失去一顆腎，亞瑟也告別了樂團的成員。也許，面對我們不感興趣，或不喜好的事，我們學不來。集郵看似簡單，老父親留下厚厚的筆記，圖的並不是這些郵票的市值，而是樂趣。老父親曾出現在《十誡》之八的故事場景，他向大學教授蘇菲亞出示自己苦尋的齊柏林飛船郵票，對此，他十分得意。他的葬禮更是充分表現他贏得人們的尊敬——他的集郵癖好被譽爲「一種高尚的熱情」。

生活需要激情，但我們很難模仿他人的激情，否則結果不僅不倫不類，也可能因此失去自我，得不償失，兩兄弟的遭遇正說明了一切。現代社會總是樹立某些英雄或成功之人，以之爲他們的模範，並教導人學習模仿。孰不知，激情是一種個人的情愫，若非天生，就是從小磨練，或是花很長的時間，才可能習得。老父親贏得人們的尊敬，不是因爲他集郵有成或財產豐厚；相反地，他一貧如洗。曾出現在《十誡》之八中的他，身穿粗陋的外套，外型普通，還有些笨拙，只想與人分享他專注與辛勞的成果——「齊柏林飛船」郵票。

無論如何，老父親一輩子以激情所斬獲的心血，可謂全毀於兩兄弟手上。整個故事很沉重，儘管拍攝手法表現出的幽默感，宛如黑色喜劇，可是，奇士勞斯基不無玩味地要我們正視，我們從他人身上看到可笑或不幸，更多是表現出一種冷眼旁觀，即便不是嘲笑他們，也會覺得自己幸運未遭遇諸如此類的事。簡而言之，就是「事不關己」。奇士勞斯基正突顯了這種幽默所具有的要素：以喜劇的手法表現悲劇，說明人們永不能理解他人的遭遇；即使同情，也不免把他人的艱難或痛苦想得過於簡單。

我們若仔細聆聽，會發現此劇經常出現定音鼓的鼓聲，顯出一些怪異和懷疑，隨著劇情發展，鼓聲越加強烈，更顯緊張，甚至令人心顫。《十誡》之一以悲劇爲始，是一個孩子的死亡，之二是一個未出世的生命和一個垂死的丈夫，是關於死亡的賭注。爾後，「死亡」也一直出現在其他幾誡，本集也不例外。魚缸裡的死魚出現在一開始的鏡頭，接著就是葬禮，亦是由死亡引起人們對此的探問。「死亡」是這十部小影集的顯題，但死亡顯然又不是一成不變，因爲死亡所勾引出來的，是一則又一則講述不完的故事。

比較令人好奇的是，奇士勞斯基一改過往在謝幕時「留下疑問」的手法，這一集的結尾應該是美好的；儘管兩兄弟被騙，不管過程如何，他們的「犧牲」（荷茲所賣掉的腎臟）竟使郵票商的女兒得以重生。相較於那些發黃的小紙片，這顆腎臟也價值不斐。荷茲從躺在手術台到走出醫院，眼睛望著好不容易換來的一張比那顆腎臟還要小好幾倍的郵票——這是激情的代價，然而，奇士勞斯基同時也向我們轉述了生命的無價。奇士勞斯基再一次以「小女孩的生命」，不斷述說「孩子生命至高無上」的主題。死亡與犧牲，最終換得了發生在孩子身上、充滿希望的再生。奇士勞斯基以「希望」爲十部影集畫上句點，不帶有太多遺憾。

奇士勞斯基雖然在戲中安排了特定的人物、事件，每部影集都講述所有人的故事。正如故事裡相關或不相關、主要或次要的人物，他們正在經歷或將要經歷的，可能都會發生在我們身上，而其結果有著諸多可能，正如奇士勞斯基沒有給答案，卻寄予了希望，我們所經歷的也是如此。

當占有使欲望成爲合法掠奪

對物的占有，已在生活中變得理所當然，奇士勞斯基用了相當巧妙的手法突顯「擁有某物的衝動」的矛盾與衝突。

聖經的第十誡提到：「不可貪戀你鄰居的財物。」這在現今的資本主義社會根本就是一句落伍或荒唐的話，我們即便沒有用非法的手段獲得他人的財物，但我們的欲望和模仿，都以「鄰居的財物」爲標準，我們總是比較，並以羨慕的眼光，渴望自己獲得的比鄰居更多，資本主義社會合理化了欲望，也正當化了占有。

在絕大多數人看來，在主角生命中，對某物的著迷僅占據微小的部分，例如，看著父親留下的郵集，亞瑟想知道，「這種擁有某物的衝動，從哪裡來？」隨著時間推移，觀眾會發現，集郵協會主席在老父親的葬禮上所說的話，或許也適用於兩兄弟：「他的家庭，他的職業生活，或許他的情感都為一種高貴的情感而犧牲。」荷茲和亞瑟將簡樸的小公寓改裝成一座堡壘，在現有的鐵門和釘死的窗子上，添加了柵欄、警報器和一隻大丹麥狗，用一種現代資本主義的防衛模式，占有這一切，並將之推及更大的可能性，即擁有比父親的集郵王國更爲龐大的範圍。資本主義總是虛構喜好，並將此喜好理解爲占有的前提，同時也將此視爲一種實現或表現，使占有正當化，以證實成就或自我實現。兩兄弟嘗試以各種可能的手段，獲得那獨缺的「奧地利紅色水星」，即是這類表現。

正如奇士勞斯基向我們揭示，片中沉悶的表象背後隱藏著怪誕的體制和荒謬的維度，老父親的集郵並非炫耀財富，他所擁有的，並不是一種生活中的占有。欲望可以很高貴，也可以很卑劣，老父親生前宛如將自我囚禁在一小斗室中，對比於老父親死後，引起各界爭相以算計的方式爭奪，「生活中的占有」顯得極其諷刺。資本主義下，已沒有眞正來自於欲望的喜好，因爲占有使欲望成了「掠奪」── 合法的掠奪；重點是你夠不夠聰明。正如荷茲的兒子拿「齊柏林飛船」換得無數張如廢紙般的郵票，就是不夠聰明，或根本就無能力占有此珍藏品。

一切的一切，都因爲占有變得合理，卻也變得扭曲，再也沒有純粹的喜好；而較勁、明爭暗奪成了生活的法則。奇士勞斯基用黑色喜劇的手法諷刺人類的荒謬及可悲，難怪有不少評論家認爲，奇士勞斯基不僅有社會主義的思想傾向，更具有天主教傳統的社會價值觀。更爲深刻的是，奇士勞斯基以黑色喜劇的手法表現幽默感，可使這種持續的晦暗稍顯明亮。但故事本身確實相當悲觀和令人垂喪，那些不祥的預兆籠罩在這些人身上，而我們卻只是冷眼地看著、嘲笑著，因爲事不關己，這些故事都發生在別人身上，越顯得我們的冷漠。這是幽默具有的要素之一，以喜劇的手法來呈現悲劇。

許多民族將「十誡」描述成聖物── 雖然他們在日常生活中也將它忽視。直到我們突然清楚地意識到，在我們之前和我們之後的所有詩人、畫家、作家和電影製作者，其實都被同一個問題所糾纏：莎士比亞筆下的查理三世，難道不是在渴求一些並不屬於他的東西？老卡拉馬助夫（Karamazov）的兒子們並沒有什麼特別的理由要尊敬他們的父親，而拉斯科爾尼科夫（Raskolnikov）也沒有理由殺死老人；布勒哲爾（Breugel）描繪吝嗇鬼和竊賊，而伍迪·艾倫（Woody Allen）幾乎不放過任何一張陌生的床。類似的情況出現在二流的偵探片和三流的鬧腳戲；在同一部交響樂中向上帝表達敬意，以及對上帝提出質疑的貝多芬也不例外。一切對生命進行描述，描述一種情緒或者心靈狀態的人無不如此，而我們現在也要添列在這些描述者的隊伍之中。

誡命的總結就是愛

奇士勞斯基以影像來述說生命的故事，這些故事的主角都生活在華沙，彷彿都生活在同一個社區、同一棟公寓，他們在故事中相互串聯，它也許發生在你的身上，或發生在我的身上，而生活最爲殘酷的莫過於冷眼旁觀。聖經的「十誡」宛如發出警告，沒有人可以置身度外。如果十誡的總結是愛，我們眞正缺乏的就是愛。

奇士勞斯基後來在三色電影《藍》、《白》、《紅》中，最終以《紅》所象徵的愛爲終極的理想，《十誡》也是如此。試想，從《十誡》之一到之十的故事，如果注入了愛，它將會有多麼不同，或反過來說，若沒有了愛，十誡就是一套無法忍受、僵死的教條，人活在教條中，即是行屍走肉。

奇士勞斯基之所以講述痛苦，之所以給人予悲觀或道德焦慮的感受，無疑地，正是對教條式的生活發出挑戰。如果這十則故事都以死亡作爲對生命的無可奈何的隱喻，那麼，他對小孩的生命的疼惜則是對「希望與愛的渴望」之隱喻。在不尋常的框架和變形的攝影鏡頭中，我們的生命像充滿黑色幽默的諷刺劇，卻沒有占據重要地位。這就是生命，也是「十誡」之所以仍然挑戰我們的理由。

Bleu Blanc Rouge

關於《藍》、《白》、《紅》

價値的另一面

奇士勞斯基如是說

我相信普通人的生活也有他自己的祕密和戲劇性，同樣值得好好審視。人們不願談及自己的生活，是因爲感到尷尬，因爲不願意在傷口上灑鹽，又或者害怕被批評是多愁善感。[1]

《藍》中的茱莉，在憂鬱的破碎中，渴望重獲愛的自由。

《紅》中的范倫婷，流露善良與熱情，展現出對愛的確信

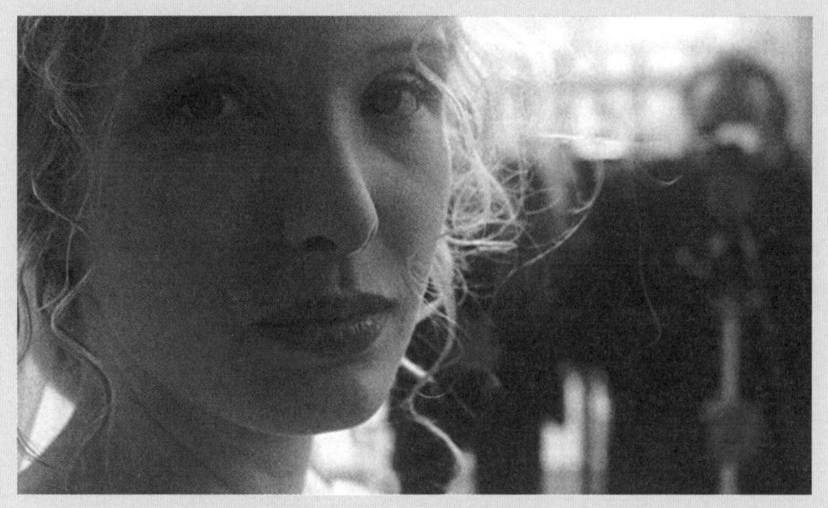

《白》中的多明妮克，在追求平等的荒謬下，等待著重拾對愛的盼望。

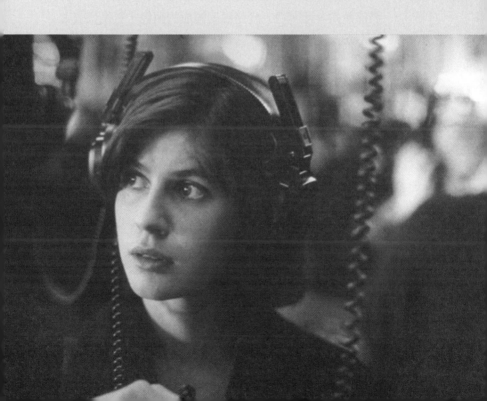

通稱作「三色」（*Three Colours Trilogy*）的影片，是由《藍》、《白》、《紅》三部作品構成，是奇士勞斯基後期作品中的「三部曲」。奇士勞斯基用精湛的敘事手法，深入剖析現代價值主張的自由、平等、博愛。我們都熟知，藍、白、紅是法國國旗的顏色，更是代表西方近代歷史以法國大革命爲主調的價值信念，同時也已成爲普世共同追求的目標，正因爲自由、平等、博愛成了現代普世價值系統的標誌，這三種顏色究竟只有這一面向，抑或它同時存在另一個面向：憂鬱、冷酷與灼傷？

從他早期拍攝紀錄片的經驗，奇士勞斯基以觀察人們的眞實生活，體悟價值的衝突和矛盾。正如一九六八年的畢業論文中對紀錄片的讚頌那樣：「現實是如此豐富、如此偉大、無與倫比，什麼都不會重複，沒有哪個鏡頭可以重來一遍，我們不必擔心它的情節發展：每天它都會給我們帶來新鮮與不凡的畫面。現實是紀錄片的出發點，這並非是一個悖論。我們只須完全相信現實自身的編劇能力就可以了。」[2]在一九七九年接受法國記者採訪時，奇士勞斯基也說：「拍故事片時，我永遠都知道影片結局如何。但拍紀錄片時，我卻不知道。僅僅不知道下個鏡頭會如何結束，光這點就足以讓人感到興奮了，更別說整部電影的結局都不知曉。對我來說，紀錄片是一種比劇情片更偉大的藝術形式，因為我覺得，生活本就比我更聰明。它創造的東西比我所能想出來的要更有趣。」[3]

然而，之後的經驗告訴他，拍攝現實並不那麼容易，慢慢地他發現到，當鏡頭轉向受苦和掙扎的人們時，他們很快就將自己的感情收藏了起來，於是，奇士勞斯基對於劇情片更寄予期望。

事實上，比起奇士勞斯基所創造的角色，人生的現實景況更為戲劇化——人的「自由意志」與「偶然」交織成一生的「命運」，但他仍嘗試透過劇情片克服紀錄片的限制，以此仍貼近人生的現實。在《十誡》，奇士勞斯基帶我們重溫古老誡命的現代意義，「三色」則從另一個角度思考現代價值，窺探背面存在的另一深層意義與張力。然而，現代與古代一樣，人最強烈的渴望，是愛的救贖。

「三色」的敘事是一個整體，以時間進展為「線性」結構，劇情並沒有逐步鋪陳向高潮發展。然而，透過敘事結構，「三色」層層逼問「命運」、「自由意志」以及命運中的「偶然」。在整個敘事結構裡，這三個元素扮演「關鍵性」的角色，對於現代人生命價值觀存在的張力，「三色」仍然刻畫奇士勞斯基在《十誡》所總結的論點。

自由的另一面

《藍》的敘事從一場無情的車禍開始。女主角茱莉重傷，摯愛的丈夫與女兒雙亡，生活頓失重心，陷入難以自拔的悲痛。她自殺未遂，用盡各種方式，想要遺忘過去或隔離世界，好處理失去後的悲傷。

茱莉回到郊區豪宅，交待了財產處理的方式，安頓好媽媽及家傭的未來。她拒絕亡夫朋友奧立維耶的求愛，離家時，只帶了一串藍色珠寶的吊飾，隨後隱身在巴黎一處沒有小孩的公寓，只希望從此與往日生活疏離。「我要的，就是一無所有，沒有房子、沒有歸屬、沒有回憶。依戀、朋友、愛，全是陷阱。」這是茱莉與失智母親的對白。然而，就算不與過去有任何牽連，亡夫爲歐洲共同體而作的音樂，卻揮之不去；她無法迴避、無法拒絕，聲音的記憶總是迴盪著。茱莉所住的公寓，內中所有東西都與她無關；她拒絕簽下趕走妓女露西耶的連署書。然而，這看似拒絕的動作，卻讓露西耶得以進入茱莉的住處，爲她處理老鼠的殘局。茱莉因回應露西耶的懇求，深夜趕到露西耶工作的聲色場所；正是此刻，她偶然看到奧立維耶的電視專訪，意外得知死去的丈夫竟有多年的外遇。

原來，奧立維耶公開此事的目的，是要引起茱莉的注意，並宣布將繼續完成茱莉丈夫未完成的協奏曲（與此同時，茱莉正打算扔掉未公開的樂譜）。茱莉決意找丈夫外遇的對象，竟發現她已懷孕，令人意外的是，茱莉約她到大宅，將大宅毫無條件給了即將到來的小生命，並從情敵口中，聽到丈夫生前對自己的讚揚：「他總是說妳是個善良、慷慨的人，足以信賴」。

故事最終，茱莉主動去找奧立維耶，和他共同完成協奏曲，也接受奧立維耶的愛。她的慷慨、寬容與愛，讓自己走出了車禍後的陰霾，重享眞正的自由。

奇士勞斯基很清楚音樂在電影中的作用，也知道其中蘊藏的力量，所以他把《藍》的重心放在音樂這個奇特的元素上。首先，〈歐洲共同體〉是這部大型交響曲的主題，進一步推進歐洲自法國大革命以來的偉大價值：「自由」。它終結了因差異帶來的不公、「博愛」更打破一切藩籬，走出自己、走向他人。〈歐洲共同體〉雖然是一個政治共同體，卻也是人與人之間的生命共同體，此共同體繫於一種不可分的命運，問題即在於，人是否懂得慷慨、寬容與愛。在這個世界，人因「偶然」而帶來傷痛，越是壓抑來自價值的挑戰，也越是無以迴避。這是奇士勞斯基一貫的主題：他再次探問，面對機遇或偶然時生發的困境，一首送葬曲可能淹沒一首充滿愛與希望的樂譜；這意味著，人們對愛與希望的渴望不總是順利，死亡埋葬一切價值，其帶來的憂慮和冷漠，足以毀滅生命共同體。

本質上，音樂是回應命運、或向命運發出挑戰的力量。它重燃人的熱情與希望，也是將人重新聯繫起來的元素。若抽去音樂，《藍》將完全失去靈魂，儘管奇士勞斯基早期對西方電影加諸太多背景音樂多有反感，但從導演《雙面維若妮卡》開始，音樂幾乎成了故事內容的核心元素。從某種意義而言，這部大型交響樂曲，早已預示「三色」的主題，這個主題在《紅》才顯得白熱化。他用音樂的辯證方式說明，主題已在第一樂章出現，經過了中間的變奏（《白》也是關於愛的主題），最後走出死亡，走向完結。

人生中的偶然或機遇難以消除。例如，茱莉不願「想起」時，音樂卻偏偏「響起」。沒有所謂「眞正」的遺忘，正是因爲它始終存在，我們越是刻意或努力將之忘卻，反而越證明難以忘懷。正如奇士勞斯基所說：「《藍》是一部講自由的電影：它在講人類自由的缺陷。我們到底能有多自由呢？」他用這部影片闡釋啓蒙者盧梭（J. J. Rousseau）兩部鉅著：《論人類社會的不平等起源和基礎》（*Discours sur lórigine et les foundements de línégalté parmì les hommes*）和《愛彌兒》（*Émile*）。人類追尋自由的同時，也面對種種挫敗，價值總是因爲它的「兩面性」，才顯得彌足珍貴。掙脫枷鎖的過程，會越發感到不自由，因此，眞正價值的意義即在此：由於它的兩面性，更顯示出需要某種超凡的力量。愛，正是使價值的兩面性形成某種具辯證意味的吸引力。

再明確不過的，即是這首〈歐洲共同體〉，延用了聖經中最著名的詩篇：「愛的眞諦」（哥林多前書第十三章），「如今常存的有信、有望、有愛，這三樣其中最大的是愛」。茱莉爲先生及女兒全然付出，在失去他們之後，她的生活失去重心。此時，她可卸下一切義務與責任，享有自由，然而，這份愛卻轉成比枷鎖更重的束縛，緊緊套住她。丈夫的背叛，使她走出先前自囚的牢獄，接納新的感情，將自己與世界重新聯結。她心中的愛已昇華爲對身邊所有人的關愛，正如她爲慶祝歐盟的曲子所做的修改，配上聖經中的「愛的眞諦」就是她的告白。

「三色」由偶然的車禍，使茱莉破碎、失愛、重拾「愛」的能力，到卡洛與多明妮克的彼此報復，最後在彼此感動的淚水中相約等待——「望」，再到范倫婷與老法官的相知相惜——「信」，最後船難時三色主角的生還結尾。回過頭來看，《藍》的最後一幕早已總結出信、望、愛的主題，瀰漫藍色氣息的昏暗氣氛，整首曲子完整地播放了一遍，詠唱哥林多前書希臘文經文「愛的眞諦」時，配以走馬燈似的臉孔：茱莉的情人、歸還項鍊的男孩、失智症的母親、目擊茱莉欲自殺的護士、懷有丈夫孩子的情婦等。這些畫面如回憶般湧現，最後則是茱莉平靜新生的臉：有淚（終於，茱莉流淚了）、有笑。自由，是通過了無懼面對、而非遺忘的方式到來。

平等的另一面

被喻爲詼諧劇的《白》，以性愛的呻吟爲代表。影片中，女主角在眞假高潮時發出的聲音，都不免令觀眾感到好笑；不是羞澀的笑，而是一種完全將之脫離與性愛關係來設想的高潮而發出的笑聲。這意味著性愛與高潮的分離，突顯的是一種可以沒有愛，或因爲權力才有愛，最終形成「法庭見」的報復。愛完全走到了對立面。奇士勞斯基以跨國（不同國家的法律）、職業（工作或職能上的貴賤）、語言（採用何種語言爲自己辯護）、財富（生命由財富的多寡來決定）等來說明，愛在各種現實景況中，如何糾結，種種因素如何入侵最爲隱密的性愛關係。

奇士勞斯基在《白》中，帶有對現代社會強烈的批判性思考。它提醒我們，這世界原本就不存在眞正的平等。對比較有利的人而言（國籍、職業、語言、財富），「平等」經常被拿來當籌碼或藉口，利用不平等、擴大不平等。事實上，人們都眞的想平等，只要他活得安全就好，而那些享用平等名目下具優勢特權的人，到最後還可以理直氣壯，只因爲天生就不平等；要求平等，通常是弱者的奢望。所以，影片第一句對白，是男主角在法庭上所說：「平等何在？」當人們爲平等鬥爭、或爭取平等時，完成方式不是復仇，就是無助的吶喊。但是，這樣的平等值得追求嗎？這正是奇士勞斯基提出的問題，也是法國大革命以後，人類共同面對的難題。

《藍》裡面的那位車禍逝世的音樂家，外遇對象是律師。奇士勞斯基已告訴我們，法律並不能判決人與人之間的愛欲。《白》的敘事以法院爲始，以監獄爲終，判決的依據，竟是性愛的滿足與否。當然，兩次判決都是殘酷的：從愛延伸而成報復。

《白》的故事述說一位名叫卡洛的波蘭男子，因性功能障礙而遭法國籍妻子多明妮克遺棄；他原本享有美髮師大獎的光榮，如今卻淪落成爲身無分文、只剩一只皮箱的偷渡客。卡洛在法國經歷了地鐵乞討、飢寒交迫與流落街頭的生活，又冒著生命危險，將自己藏在行李箱中偷渡回國；他的一切努力，就是要爲自己爭取該有的公道。這個公道，是要讓多明妮克也嘗到被遺棄的苦澀。故事內容帶著些許幽默，卻是機關算盡。卡洛努力致富的目標只有一個，即是報復。男主角視自己爲已經死去的人，活著的唯一理由，就是要爭取失去的平等。終於，這位理髮師使盡一切智慧，與米可埃聯手，爲自己設計一場假葬禮和生後的遺產，誘使多明妮克來到波蘭，使她因涉嫌謀殺親夫而入獄，成爲一個在波蘭喪失權力的法國公民。

儘管《白》的音樂並不突出，然而，音樂的節奏卻是經由卡洛爲自己致富而努力的歷程中，通過了他走路的步伐和姿態，領略到一種輕快；這樣的輕快，卻是來自於報復的動機。卡洛爲求平等報復（自由意志）與米可埃（偶然）相遇，計畫陷害多明妮克（自由意志）以爭取平等，即使失去一切（死亡）也在所不惜。但是，經過一番算計、得到平等後，卡洛才發現自己還是愛著妻子。多明妮克在卡洛軟弱時離開他，卻在自己入獄成爲軟弱的一方後，發現自己對卡洛有一份眞實的愛。

生命的際遇與選擇，如此矛盾，令人無法理解，正如厭世、計畫自殺的米可埃，必須經由一次空包彈的射殺，才感到活下來是如何地不一樣。卡洛和多明妮克在喪失自己之際，反而感到只有在失去自由的時候才能體會到的愛。現代法律藉由報復表現平等，是否如奇士勞斯基在《十誡》之五或改編後的《殺人影片》所表達的，只能以報復的方式表現平等嗎？這種「以牙還牙，以眼還眼」的法律精神，非但沒有完成想達到的平等，相反地，它只能以消極、惡性循環的方式「追求平等」，最終卻反倒奴役了我們。換句話說，爲了「追求平等」，我們喪失了平等。無疑地，這說明了現代普世價值不僅不充分，甚至還不斷擴大人們對失去自由的恐懼。

奇士勞斯基質疑追求平等的幻想，但並不否定平等的重要性；問題的核心還是「愛」這個主題。如果追求平等擺脫不了報復，重點即在於，人們是否認清「愛」的對立不是仇恨，而是冷漠：對自己所擁有的冷漠（想自殺的米可埃）、對比自己軟弱無力之人的冷漠（推瓶子入回收箱的老婦人）、對語言不同之人缺乏耐心的冷漠（法官和法國外交官），以及整個故事中商業社會的爾虞我詐。如果沒有愛，平等只是一種假象，冷漠使平等完全失去意義。人類文明的悖論莫過於此，無論失去自由、或公平獲得申張，都同樣感到孤獨或寂寞：原來自己如此渴望愛。

片尾，卡洛流下的眼淚，不是同情而是愛，這是他在最痛苦艱難時，都未曾有的表現；多明妮克的手語不是法語也不是波蘭語，對比她所發出、象徵「結束」的呻吟，這手語表示希望：重新再來。

愛是開始，而非結束。作爲開始，愛使一切變得不一樣，儘管平等仍然是難以和報復切割的價值，愛卻可以使它帶來希望，爲冷漠的世界注入新生。

博愛的另一面

奇士勞斯基用在《十誡》中慣用的拍攝手法塑造「三色」的劇情走向，看似陌生的人們，竟會在某些時刻偶遇，或是擦身而過。但這些陌生人又無法察覺彼此的聯繫，因此，人世間的事物並非完全獨立存在，自由、平等同樣關乎與其他人的聯繫，更何況，愛乃千絲萬縷，剪不清、理還亂。

法庭、法官、法律，是維繫社會關係紐帶的元素，「三色」中都曾出現過。《藍》的律師介入有婦之夫的婚姻，《白》曝露了法庭對於無法言談的世界總是束手無策，到了《紅》，法官以「犯法」和「人格創傷」判決平等、正義事上的矛盾與不信任。奇士勞斯基清楚把握了現代社會中不可或缺的法律，從「法」的詞源來看，都意指平等和正義。訂定法律，原本即是爲了使人得到平等，可是眞實社會卻不是如此。我們想藉著法律得到眞實，或說是保障自身的安全、財產，甚至認定彼此之間的關係，但我們看到的，往往更多是人性的醜陋與無情。

「法律面前，人人平等」，這是殘酷但又不得不接受的事實。

對比與法律相關的元素，駝背老婦人都出現在「三色」中。奇士勞斯基把這位看似無關宏旨的陌生人物，放在影片中的關鍵時刻，她出現在影像畫面的另一端，卻與故事中的主角呈現了三種完全不同的互動模式：只關注於自己的（茱莉）、嘲笑他人以掩飾自己的悲慘（卡洛），以及快步往前伸手援助（范倫婷）。

這樣，我們就可以來到《紅》的故事內容。女主角范倫婷是一位大學生，兼職作模特兒。一天深夜，她不慎撞到退休老法官的狗；她送狗回去時，發現這位對世事冷眼旁觀的老法官，終日在家裡竊聽鄰居的電話。兩人為此事爭辯，范倫婷卻一步步介入老法官死沉的生活。原來他年輕時遭女友背叛，因此對人性產生懷疑，才促使他竊聽。這兩位對人生抱持完全不同態度的個體，透過互動，彼此都產生變化。范倫婷的特質醫治老法官的創傷，最後還讓老法官重燃對生命美善的期待。

《紅》的敘事以兩組平行對照的關係進行：一為范倫婷與男友對比奧古斯都與其女友，另一則為老法官與奧古斯都相似的生命經驗之對比。劇情的發展是，老法官與范倫婷從誤解到相知相惜。范倫婷因為撞到狗（機遇）而遇到老法官，又看到報紙，再訪老法官（機遇），最後發生船難（命運），范倫婷與奧古斯都在此相遇。顯示命運的無常與難以估計。

在多年的法官生涯中，老法官從是非判斷中領悟到：「對與錯的分野只在一念之間。」然而，生命總是傾向猜忌、懷疑、背叛、隱瞞。法律原是人的公道、或伸張正義之所，但現實經常表現出人性的冷酷和矛盾。老法官看盡世間價值的虛僞，自己在感情上更是重重摔了一跤。這無疑說明，文明爲人類帶來創傷，使其必然變得更爲扭曲，導致人們從根本上拒絕相信文明所給的承諾；最終，文明淪落爲一種僞善，人性的黑暗更甚於我們所言的美好。

奇士勞斯基以強烈的對比突顯上述主題，即文明的雙重性：年輕時，因愛人移情別戀而避世拒絕愛的老法官，與樂於助人、光明、善良、純眞的范倫婷。藉著兩人的強烈對比，深層的對話使彼此對對方產生好奇，開啓了兩人都不熟知的世界。在退休老法官與范倫婷多次互動中，前者述說一則創傷的經歷，後者則窺見人間世故的曲折。正因爲彼此在完全不同的世界，也激起了對世界另一種新的看法。

背叛是文明的挫敗，就像愛同時存在著它另一個可能的面貌，是一個必然的試煉與風險；正如沒有人知道這艘船即便順利開出，是否可以順利靠岸，文明的遭遇也是如此。「三色」中的人物，大多經歷偶然性的苦難，造成心中極大的傷害：老法官與米可埃陷入悲觀，甚至絕望；卡洛、奧古斯都、茱莉、范倫婷陷入迷惘與無奈，無法自拔，然而，最後心靈都獲得解脫。奇士勞斯基仍然肯定「愛」是唯一的出路，不管文明的挫敗有多深，仇恨、矛盾、不信任、虛僞，都不能支撐文明，再艱難的人生旅程，仍然必須相信「愛」的存在。

駝背的老太婆出現在「三色」中，是奇士勞斯基精心安排的角色，就像《十誡》中，那位出現在不同主題現場的「神祕人物」，她挑戰我們會做何種反應：或許我們僅僅關注自己的問題，而沒看見別人的需要，甚至取笑揶揄他人；或許，什麼時候我們可以像范倫婷，看到他人的需要便快步上前幫助呢？愛，就是如此簡單與眞實。

奇士勞斯基如此說明愛與自由的關係：「從某些意義上說，愛與自由是相互矛盾的。要愛就沒有自由，你會依賴你所愛的人，不管他是誰，你愛一個女人，你的價值觀就會不一樣，以一條狗、一輛車、電視台為例，這些都束縛了自由，你失去了自由，你不能想做什麼就做什麼……。」《紅》的女主角不是沒有自己的煩惱與困難，她在巨幅廣告中的憂鬱表情並非裝出來的，但她同時也有另一面：熱情、關愛。她吸引老法官特別的關注，讓他生命的熱情再度被點燃，宛如那台老舊的汽車，依然能夠行駛。

人世間難免有風雨和死難的威脅，然而，生命仍值得期待。我們可以設想，那隻在車禍中受傷的狗不僅沒有死去，反而帶來新生命，當老法官在最後一幕，以溫柔的態度爲剛出生的小狗繫上鏈子時，我們懷疑，這還是那位兇惡、無理、冷酷的老法官嗎？

「如果沒有愛，一切都歸於無有。」（αν δεν έχω αγάπη, δεν είμαι τίποτα. Si je n'ai pas l'amour, je ne suis rien.）

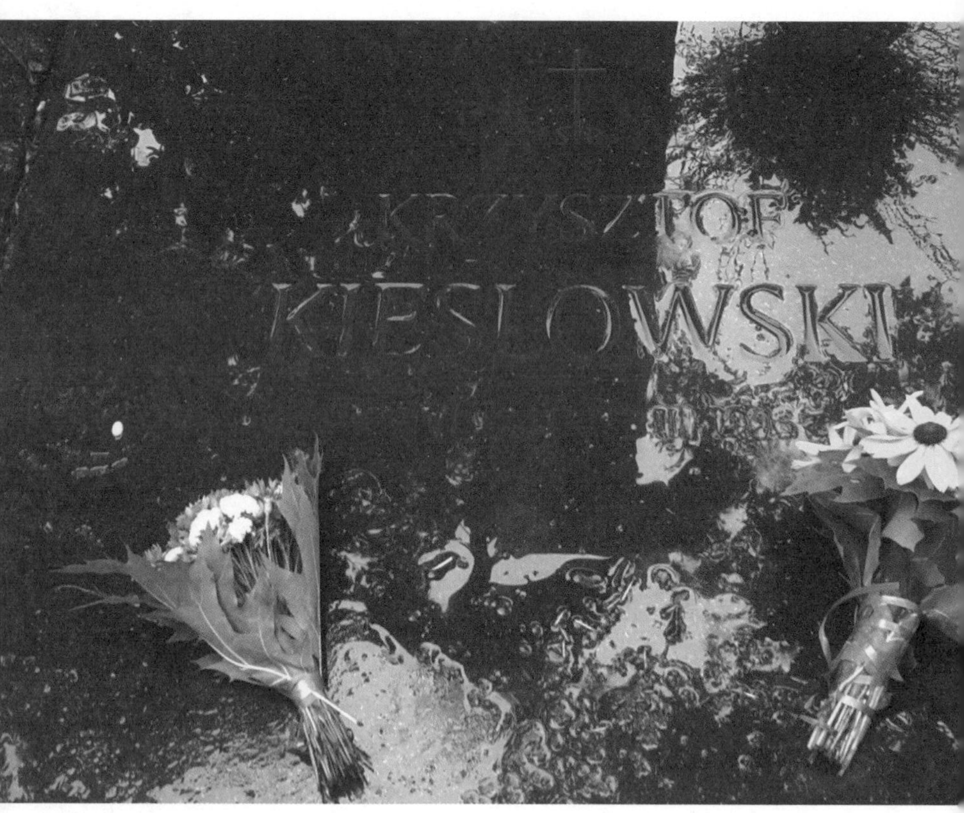
KIESLOWSKI

Mourning

奇士勞斯基逝世十週年紀念文[1]

你還好嗎？奇士勞斯基先生

一個懂得自己的人，是能夠「說出」自己的生活故事的人生，同時還會「傾聽」他人生命故事的人。……作為一個會說故事的人，就是知道自己活在眞實之中的人。

一個人的死，何以值得他人為他哀悼？

一個導演的死，何須為他譜寫安魂曲？

波蘭大導演克里斯多夫・奇士勞斯基死了十年，對許多喜愛他的人而言仍是一件無法釋懷的事，普萊斯納為安慰我們受傷的靈魂，為我們譜了「悼念亡者，告慰生者」的曲子，「奇士勞斯基」的名字沒有被人忘記，他依然隱身在我的思想和夢境中，在一段段影像中邂逅，宛如一位熟悉許久的朋友，將永遠地銘刻在記憶裡，直到我的記憶隨著身體消逝。

「人們並不平等，但也不想平等」

奇士勞斯基，一九四一年生於華沙，一九九六年三月病逝。在波蘭，他被喻為「第四代電影」，或所謂「道德焦慮的電影」，誠如他形容自己：「我的性格有一項優點：我很悲觀。我經常做最壞的打算，對我而言，未來是一個黑洞。說到恐懼，我最恐懼的就是未來，它使我怕得要命。」

奇士勞斯基於一九六六年進入波蘭最爲著名的洛茲（Łódź）電影學校。他對「紀錄片」的興趣在於那些眞實人物的遭遇及其生命的故事，即想理解在現實的生活中，人是如何克服他的種種的際遇和困境的。奇士勞斯基說過：

「紀錄片是拍攝人的真實生活，他們信任我們，說出了生活的真相，但這真相卻往往用來對付他們，我們的工具越是隱蔽，後果和危險便會越大，攝影機和麥克風使得人們將孤苦無助，只有無言。」

關於波蘭的電影，我們想到華依達、波蘭斯基、科林姆斯基、贊努西，等等。這些導演的共同點是以「紀錄片」擠身電影界的，以華依達爲例，他的紀錄片多是扣緊著波蘭的現實爲焦點，直接地揭露當時的政治狀態和意識形態，藉此質疑整個體制的合理性，並批判權力的機制和扭曲。同樣地，奇士勞斯基也從紀錄片開始了他的電影生涯，但他更多刻畫的是一種現實的「兩難」，如《疤》（*The Scar*, 1976）和《影迷》（*Camera Buff*, 1979）。

奇士勞斯基喜歡將鏡頭的焦點投注在觀察周遭的人與環境的互動關係上，也就是那些他所熟悉的波蘭現實社會中生活的人，經由不同的處境和角色，不同的觀察和透視，也看到各種生命的可能性。可是，奇士勞斯基認爲紀錄片也有缺點，就是他們不會讓你拍到眞實生活中的眼淚，他們想哭的時候會把門關上，總是有某些東西被掩飾或遮蓋過去了；紀錄片的極限即是，當攝影機靠近人這個客體時，人的「主體」就在鏡頭前漸漸地消失了，所謂的「眞實」也是極其有限的；或者說眞實的事物有待電影進一步捕捉的，導演的眞材實料或功夫，全看是否可以將觀眾逼近於對這些影像的反應和思考，這樣的作品可能要比紀錄還來得眞實。於是奇士勞斯基轉向於以寫劇本的方式來構築其紀錄片的拍攝。

奇士勞斯基早期拍過一些零零星星的紀錄片後，接著拍了第一部劇情片《疤》，後來又有《寧靜》（*The Calm*, 1976）和《短暫的工作日》（*Short Working Day*, 1981）。直到《影迷》獲莫斯科影展大獎時，奇士勞斯基才逐漸受到國際電影界的注意，並列名爲當代「道德焦慮的電影」行列。接著，又拍攝了《機遇之歌》（*Blind Chance*, 1981）、《無休無止》（*No End*, 1984），兩者都表達了某種虛無和盲目的生活際遇，這兩部片在波蘭的現實處理中引起宗教界及政治界的關注和批評，奇士勞斯基開始倦怠這類的爭論，於是有一段很長的時間的間隔，直到轉向拍攝電視版《十誡》（*Dekalog*, 1988-1989）的大計畫，奇士勞斯基的才華充分地表露出來。

我認爲《影迷》是「奇士勞斯基式電影類型」的最佳代表作，他不只說明了奇士勞斯基式的個人風格，也闡述了《十誡》的基本類型或主題：「生命的兩難」，欲瞭解《十誡》，《影迷》無疑是一部很好的「入門」。《影迷》的內容如下：

主角Philip，住在一個小鎮，工廠的採購員，和所有再普通不過的人一樣，過著自足安定的生活。爲迎接小女兒出生，歡喜地買了一部八釐米的攝影機，他也是小鎮上唯一有攝影機的人，工廠經理要他爲週年慶攝影下來。因著參賽意外的得獎，他也漸漸開始接觸到所謂「眞實」，尤其是工廠內部的醜陋面，包括權力鬥爭、工人生活的惡質環境。

攝影機改變了他的生活，在道德的兩難中，處於絕對孤立中。原來通過了「鏡頭」，誤打誤撞的主角

Philip走向未知，與原先的構思可能是背道而施的，奇士勞斯基要我們去追問：「什麼是人可以決定的部分，命運和偶然、理性與必然、宿命與衝突、或者……。」我總覺得這位Philip不是別人，正是奇士勞斯基本人，攝影機改變了他，或者說是鏡頭引導奇士勞斯基往不明的電影世界走去。

奇士勞斯基說：「我們永遠無法預知一部電影的結果。每一部片子都有一道窄門，我們只能憑著自己的判斷力決定是否應該跨進去。」換言之，所有的作品，沒有一件事經過預設安排，衝突也是以辯證的方式進行，最後留待觀眾自己去解決。因此，奇士勞斯基誘人的地方也在這裡，《十誡》的系列作品全是這種手法，把我們逼到一個不可想像的狀況。他說：「莎士比亞、杜斯妥也夫斯基、卡夫卡對我影響比較大，他們不是電影導演，是作家，但這似乎比電影更重要。」一個「思想型」的大導演由此話中透露無餘。

「這是個非理性的世界，但一切都事先安排好了」

《十誡》獲得一位執業律師皮西雅維茲的協助，由波蘭電視台和西德電視台合作出資拍攝，是奇士勞斯基執導的巔峰。奇士勞斯基說，他在波蘭看不到一絲的樂觀，處處都是死灰一片、了無生氣，在這樣的背景下促使他去拍攝《十誡》。正確的說法是，現代社會眞的處處都充滿著令人期待的東西嗎？人們爲何總是如此輕易地欺騙自己，當奇士勞斯基自己說「絕望」是他的主題時，說明了生活在「現代社會」的人們唯一可以面對的只能是絕望，因爲人們面對這一切都是無能爲力的。

奇士勞斯基說：

「在我拍過的電影中，每一部都在描述一群人，他們不知該如何生活，他們找不到方向、分不清是非，他們正在尋找——一些迫切在尋找的人們，他們正試圖找到一些答案，比方說：一切都是為了什麼？每天為什麼要睡覺或者起床？應該如何打發自己的時間？應該怎樣心平氣和地度過每一天？……。」

但是，這並非意味著奇士勞斯基以說教般的方式來談論《十誡》。相反地，他更多的是要我們自己觸摸到自己的傷痕，一種眞實的眼淚究竟「眞實」到何種程度？用他的話來說：

「有幾次，我拍攝到了真實的眼淚，那是截然不同的經驗，非常難求。不過現在我有保留了，我害怕那些真實的眼淚，因為我不知道自己是否真的有權力去拍攝它們。遇到這種情況，我總覺得自己像是一個跨入禁區的人。」

《十誡》不是上帝的禁區，而是「眞實的人」害怕卻又深陷於其中的禁區。

Dekalog（「十誡」）在希臘語中是指「十個句子」。回到聖經，「十誡」並不是現在這種長篇大論的形式，*Dekalog*確實是十句短小精煉、節奏感強、易學易懂的句子，並能夠一代一代口傳下去的句子。對現代人而言，古老的「十誡」是一種不折不扣的教條，它是一種約束人行爲的道德教條，然而，現代社會不也同樣存在著約束人的自由的「十誡」嗎？「自由」仍然是一個遙遠的渴望。

奇士勞斯基說《十誡》主要是探討波蘭人道德困境的現代寓言。事實上，道德困境又不只是波蘭人的問題，我們也同樣面對波蘭人所面對的道德困境。現代社會的急速變遷，古老的道德已不復承載我們的問題了，而且也不僅僅限於在道德的問題上。當我們生活在以

「鋼筋水泥」打造的大樓，以及標榜著「個人隱私」的一道道房門，《十誡》闖入了我們的生活，奇士勞斯基用鏡頭強迫我們說出我們的痛苦、流下我們的眼淚。

奇士勞斯基的電影中沒有像好萊塢英雄式的誇張人物，每一個角色都是一般平庸、從事自由業的人，如律師、教授、醫生、音樂家、建築師、歌手、計程車司機等；奇士勞斯基也似乎不太重視這些人的工作與他所遭遇到的事物的關係，主要還是在於想構築起我們對事件的問題。顯然，這個世界絕非那些道德家和政治家所說的那麼美好，一切廉價的答案都是對流下眼淚之人的無情鞭笞。奇士勞斯基爲這些人申冤，請求我們放棄英雄主義或嗑藥式的幻想，正視身邊一張張模糊且眞實的「掙扎」之臉孔。

另一方面來看，我們也從奇士勞斯基電影中辯證地呈現出一種張力，似乎可以稍微發現到，生命會自己尋找出路，即便痛苦與掙扎總是揮之不去，或者眼前所見一切總是灰濛濛的。《十誡》沒有答案；正是我們不知道答案，所以「應該對這些不知道的東西好好思考一下」，儘管苦無答案，但重點應該在「眞實的生活」，「因爲找不到答案本身是一種痛苦的感覺」，因此我們應該想想：是否眞正的生活不在於「滿足我們的期待與否」？

《十誡》這部影集有一些值得注意的部分，奇士勞斯基以「敘事的手法」闖進了「禁區」，談論現代人避而不談卻又眞實的際遇，正如別人問及他爲何要拍《十誡》，他的回答即是：「因為它們存在」，「所有的人，對愛的感覺、對死亡的恐懼以及對針刺的疼痛和害怕都是一樣的，它與政治觀點無關，與膚色或者巨額財產無關」。說到底：「《十誡》與是不是生活在波蘭無關，它與所有的人有關。」

奇士勞斯基將鏡頭對準華沙的高樓住宅，把影像空間置於封閉的狀態中，即以集中呈現人與事的互動爲焦點。每一扇窗戶，其後都有人，都有一個有趣的故事；這些人都是極其普通的人，故事也可以是發生在我們身上的。封閉的空間將視野更爲集中，更吸引人去關注生活中的主題，特別是那些看起來並不怎麼特別的事件，其實都是非常眞實的，以此進入到自己的具體處境中。熟悉的人物與一再重覆地出現，都帶給觀眾某種困擾，何以人與人之間在一個封閉的空間中卻又是如此地疏離，似乎身旁既有的事物都不怎麼引來他人的關注，這恰好也就說明了我們目前所居住的都市空間。

那位「神祕人物」除了在《十誡》之七沒有出現過

外，幾乎在每一次特殊的事件發生的關鍵時刻，都會適時現身。奇士勞斯基把這樣一位神祕的見證人放在影片中，他常常難掩「非難」和「失望」的眼光，甚至正向我們提出批判。雖然沒有針對他做太多的說明，但觀眾會對這樣一位人物引起好奇，因而會提問：生命的另一向度在那裡？人生是否另有出路？

這是一個凝視著攝影機的人，他的沉默總帶來了不安和神祕。他代表著什麼？命運、天使、上帝、自我，或是奇士勞斯基本人？奇士勞斯基自身的一次經驗，可以說明這個人物的位置，他說：

「總覺得劇本少了些什麼似的。有一次巧遇一位老作家，與他一同看一部很平庸的電影，但老作家注意到一個穿黑衣服、出現在墳場的人，但那部電影的導演說沒有出現過這樣子的人，老作家說『我看到了』。可是不久，老作家死了，我才驚覺，在劇本中所缺少的正是神祕的元素，它是那生命中難以捉摸與不可解的事物。」

如果要爲這事下一個解說的話，我認爲他具有引導作用，引導人們專注地去思考他們正在做的事，他或許可以代表一個「思考的源頭」。

奇士勞斯基就是那位「神祕人物」，這是一雙始終都在凝視著我們的「上帝之眼」。事實上，他曾表示對於碰撞「十誡」的普遍問題感到害怕，害怕是否眞的有能力去表達這些問題。對奇士勞斯基而言，他清楚地意識到作爲一位導演，其實正以一種「全知者」的眼光在打量這個世界，好像這個世界所發生的一切，以及每個人最爲隱密的生活，都逃不過他的目光。

奇士勞斯基的鏡頭沒有說教的氣氛，影像並不企圖說服他人，他呈現出的是一種對人的尊重，與對僵化教條的反叛。奇士勞斯基也常在問題的處理上，把人的存在表達在「選擇是主動的，偶然是被動的」的弔詭性之中，藉此看出人的生命與生活之間的張力。我們的生活中確實是充滿著類似「決定與未決定、命運中的偶然、神祕的不可知」等狀況。這是他終始一貫的哲學：「盲目的偶遇」（Blind Chance）。

奇士勞斯基總是能夠把這些發生在我們周遭的事物、表達生命的事物，藉著影像的方式說出了它們非比尋常的涵意。這是奇士勞斯基說服我對他的電影忠實的理由。這也是我對《十誡》這部影集的基本理解。

「如果你不了解自己的生命，那麼我想你也不可能了解你故事中任何一個角色的生命」

一個懂得自己的人，是能夠「說出」自己的生活故事的人生，同時還會「傾聽」他人生命故事的人。人生沒什麼大道理，作爲一個會說故事的人，就是知道自己活在眞實之中的人。奇士勞斯基說：

「對那些傳述生命故事的人而言：能夠真正了解自己的生命是絕對不可或缺的。我所謂的真實，並不是指公開的、你可以與他人分享的那種了解。那是無價的、不可出賣的。」

人的生活本來就是一種「敘事體」，或者說它是由一連串「故事」拼湊而成的。値得注意的是，因爲是拼湊，所以生命的遭遇只是一些碎片，人生並不需要「總體的形上學」來作出指導，生活原就是一種眞實互動的結果（包括對人和環境）。眞實的生活反對一種說教式的教條，教條不是對人生的理解，而是扭曲。《十誡》的十則故事都述說著「愛」：「我們透過愛人的人，而非被愛的人的觀點來觀看，被愛的人只是一些碎片、一些物品。這份愛對那第六誡那位男孩，以及後來那位女人來說，都很辛苦。所以，我們一直透過愛折磨人的眼睛來看這份愛，這份愛也一直與磨難和不可企及緊緊相連。」

從古老的「十誡」到現代的「三誡」（自由、平等、博愛），三部曲之作的「三色」電影：《藍》（*Bleu*, 1993）、《白》（*Blanc*, 1993）、《紅》（*Rouge*, 1994）是他最高峰的代表作。這三部作品分別獲得「威尼斯最佳影片、最佳女主角、最佳攝影」（一九九三年三月）、「柏林最佳導演」（一九九四年二月）、「坎城影展參展」（一九九四年五月）三大影展的大獎，把奇士勞斯基的藝術家地位推到最高峰，但突然地，他宣告從此不再拍片，似乎在告訴我們，他想說的、該說的都已說完了。

「三色」是奇士勞斯基最爲令人感到「可畏」的作品。這個生活在西方的思想家，到了法國拍片，在法國的「國旗顏色」大做文章。正確地說，是全面展開對現代西方「普世價值」根本提問：「我們是否離自由、平等、博愛越來越遠，而非越來越近？」《藍》、《白》、《紅》所牽涉到的問題更爲巨大、難解。

拍完《十誡》後，奇士勞斯基的導演生涯轉到西歐，他把《十誡》的思想手法帶到了法國，誠如他喜歡描述的人生，他的電影「宿命地」把他帶到了高峰，似乎也預告了他「活下去的理由」已經結束了。

當然，對忠實的影迷而言，他的淡出的確令人感傷。但是，換個角度說，對於奇士勞斯基這樣的一位感傷而又不確定性的藝術思想家性格，隱喻上來說，他的淡出只屬於他自己的個體性裂傷，也許奇士勞斯基和我們每一個人都一樣，生命中有某種連我們自己都無法說清楚的東西。

奇士勞斯基曾對塔可夫斯基，這位偉大的導演如此描述過：「塔可夫斯基是近些年來最偉大的導演之一，但遺憾的是他去世了，可能是因為他不能再活下去了。通常人們不管用什麼方式離去，多少就是因為他們已沒法繼續活下去了。」奇士勞斯基是不是預知到了什麼，就在拍完《白》之後，他說他想休息，希望回到平靜的生活。兩年之後，一九九六年三月，奇士勞斯基病逝於華沙，他因爲心臟病發，死於一場開心手術。

「你還好嗎？」這句問候語是《藍》女主角茱麗葉・畢諾許在奇士勞斯基葬禮進行後，與友人在準備離開時，心中所禱念的話。她說，接著突然聽到有一聲從街道傳來卡車發出的巨響。畢諾許認爲這是奇士勞斯基的回答。十年過去了，在我心目中還沒有一位導演可以取代奇士勞斯基，或許是因爲很難再喜歡上別的導演，也或許是因爲令人敬畏的思想家，一如既往的少。我以這種方式對這位令人敬畏的思想家表示崇敬，最深的崇敬；如果能向死者祈禱，我想向奇士勞斯基問道：「你還好嗎？」

附註

〔輯一〕偶　遇

十誡隨筆

1 與K偶遇

[1] 本書內，筆者在「十誡隨筆」的部分提及奇士勞斯基，皆用「K」作爲代稱。

十誡札記

7 奴役與自由

[1] Annette Insdorf, *Doubles Lives, Second Chances,* 42-43.

[2] *Doubles Lives, Second Chances,* 185.

〔輯二〕目　光

《十誡》之一　眼淚

[1]《奇士勞斯基論奇士勞斯基》，Danusia Stok編，唐嘉慧譯，（台北：遠流，1993），頁39。

《十誡》之二　決定

[1]《奇士勞斯基論奇士勞斯基》，Danusia Stok編，唐嘉慧譯，（台北：遠流，1993），頁71。

《十誡》之三　我家在哪裡？

[1]《奇士勞斯基論奇士勞斯基》，Danusia Stok編，唐嘉慧譯，（台北：遠流，1993），頁174。

《十誡》之四　祕密

[1]《奇士勞斯基論奇士勞斯基》，Danusia Stok編，唐嘉慧譯，（台北：遠流，1993），頁212。

[2] 同上，頁213。

《十誡》之五　殺人眞的不被許可？

[1]《奇士勞斯基論奇士勞斯基》，Danusia Stok編，唐嘉慧譯，（台北：遠流，1993），頁225。

[2] 同上，頁225。

《十誡》之六　易碎的絕對

[1]《奇士勞斯基論奇士勞斯基》，Danusia Stok編，唐嘉慧譯，（台北：遠流，1993），頁212。

[2] 同上，頁212。

《十誡》之七　什麼是屬於我的？

[1]《奇士勞斯基論奇士勞斯基》，Danusia Stok編，唐嘉慧譯，（台北：遠流，1993），頁70。

[2] 同上，頁70。

《十誡》之八　誠實可能是一種藉口

[1]《奇士勞斯基論奇士勞斯基》，Danusia Stok編，唐嘉慧譯，（台北：遠流，1993），頁198。

《十誡》之九　失去的與擁有的

[1]《奇士勞斯基論奇士勞斯基》，Danusia Stok編，唐嘉慧譯，

（台北：遠流，1993），頁208-209。

《十誡》之十　專注於己的欲望

[1]《奇士勞斯基論奇士勞斯基》，Danusia Stok編，唐嘉慧譯，（台北：遠流，1993），頁129。

關於《藍》、《白》、《紅》　價值的另一面

[1] *Decalogue: The Ten Commandments*, xiii.

[2] *Double Lives, Second Chances,* 11-13.

[3] *Double Lives, Second Chances,* 22-23.

奇士勞斯基逝世十週年紀念文
你還好嗎？奇士勞斯基先生

[1] 本文乃於二〇〇六年爲悼念奇士勞斯基逝世十週年而作，以〈你還好嗎？── 悼念奇士勞斯基逝世十週年〉爲題刊登於《當代》雜誌上。本文除了介紹奇士勞斯基，文中也表達了我對他的情感，雖然是舊文且文內有些段落與本書的部分文章有些雷同之處，但基於這是回憶，不忍割愛，想保留曾刻畫的痕跡，舊文再刊之際也做了些刪減和整理。

附錄一

奇士勞斯基作品集年表

1966 /《路面電車》(*The Tram*) / 短片

1966 /《辦公室》(*The Office*) / 紀錄片

1967 /《願望音樂會》(*Concert Of Requests*) / 短片

1968 /《照片》(*The Photograph*) / 紀錄片

1969 /《洛茲小城》(*From The City Of Lodz*) / 紀錄片

1970 /《我曾是個士兵》(*I Was A Soldier*) / 紀錄片

1970 /《工廠》(*Factory*) / 紀錄片

1971 /《集合之前》(*Before The Rally*) / 紀錄片

1972 /《工人，71》(*Workers' 71: Nothing About us Without Us*) / 紀錄片

1972 /《疊句》(*Refrain*) / 紀錄片

1972 /《洛克婁和錫隆納葛拉之間》(*Between Wroclaw And Zielona Gora*) / 紀錄片

1972 /《銅礦場內的安全和衛生原則》(*The Principles Of Safety And Hygiene In A Copper Mine*) / 紀錄片

1973 /《磚匠》(*Bricklayer*) / 紀錄片

1973 /《人行地下道》(*Pedestrian Subway*) / 電視劇

1974 /《X光》(*X-Ray*) / 紀錄片

1974 /《初戀》(*First Love*) / 紀錄片

1975 /《履歷》(*Curriculum Vitae*) / 紀錄片

1975 /《人員》(*Personnel*) / 電視劇

1976 /《寧靜》(*The Calm*) / 電視劇

1976 /《醫院》(*Hospital*) / 紀錄片

1976 /《疤》(*The Scar*) / 劇情片

1976 /《石板》(*Slate*) / 短片

1977 /《守夜者的觀點》(*From a Night Porter's Point Of View*) / 紀錄片

1977 /《我不知道》(*I Don't Know*) / 紀錄片

1978 /《七個不同年齡的女子》(*Seven Women Of Different Ages*) / 紀錄片

1979 /《影迷》(*Camera Buff*) / 劇情片

1980 /《車站》(*Station*) / 紀錄片

1980 /《談話頭》(*Talking Heads*) / 紀錄片

1981 /《機遇之歌》(*Blind Chance*) / 劇情片

1981 /《短暫的工作日》(*Short Working Day*) / 劇情片

1984 /《無休無止》(*No End*) / 劇情片

1988 /《一週七天》(*Seven Days a Week*) / 紀錄片

1988-1989 /《十誡》(*The Decalogue*) / 電視系列片

1988 /《殺人影片》(*A Short Film About Killing*) / 劇情片

1988 /《愛情影片》(*A Short Film About Love*) / 劇情片

1991 /《雙面薇若妮卡》(*The Double Life Of Veronique*) / 劇情片

1993 /《藍》(*Three Colours: Blue*) / 劇情片

1993 /《白》(*Three Colours: White*) / 劇情片

1994 /《紅》(*Three Colours: Red*) / 劇情片

附錄二

參考著作及引述文獻來源

《奇士勞斯基論奇士勞斯基》，Danusia Stok編，唐嘉慧譯，（台北：遠流，1993）。

《基耶斯洛夫斯基談基耶斯洛夫斯基》，Danusia Stok編，施麗華、王立非譯，（上海：文匯出版社，2003/2011）。

《沉重的肉身》，劉小楓著，（上海：人民出版社，1999）。

《無常素描：追憶奇斯洛夫斯基》，羅展鳳著，（香港：KUBRICK，2016）。

《奇斯洛夫斯基》，（香港：百老匯電影中心，2006）。

《奇士勞斯基的電影藝術》，Marek Haltof著，文林譯，（台北：時周，2011）。

《電影 X 音樂》，羅展鳳著，（北京：三聯，2005）。

《十誡：Dekalog 十個電影故事》，Krzysztof Kieslowski / Krzysztof Piesiewicz 著，陳希米譯，（海口：南海出版公司，2003）。

《影響》第十一期，台灣，1990。

Decalogue: The Ten Commandments, Krzysztof Kieslowski / Krzysztof Piesiewicz, London: Faber and Faber, 1991.

Kieslowski on Kieslowski, ed. by Danusia Stok, London: Faber and Faber, 1993.

Memory and Survial: The French Cinema of Krzysztof Kieslowski, Emma Wilson, London: Legenda, 2000.

Double Lives, Second Cahnces: The Cinema of Krzysztof Kieslowski, Annette Insdorf, New York: Hyperion, 1999.

The Films of Krzysztof Kieslowski: The Liminal Image, Joseph G. Kickasola. New York: Continnum, 2006.

Krzysztof Kieslowski's Decalogue Series: The Problem of the Protagonists and Their Self-Transcendance, New York: East European Monographs, 1996.

The Fright of Real Tears: Krzysztof Kieslowski Between Theory and Post-theory, Slavoj Zizek, London: Publishing, 2011.

The World Accoording to Kieslowski, Lodz: Muzeum

Kinematografii w Lodz, 2011.

Krzysztof Kieslowski: Interviews, Renata Bernard and Steven Woodward eds., Mississippi: The University Press of Mississippi, 2016

Krzysztof Kieslowski: "I'm So-So…", Krzysztof Wierzbicki, 1995.

Krzysztof Kieslowski 10th Anniversary Special Edition, ATOM / mk2, 2006.

訂購辦法

●校園網路書房

網址：http://shop.campus.org.tw

●博客來網路書店

網址：http://www.books.com.tw

●信用卡或郵遞訂購

可直接利用傳眞電話：02-2918-2248
或者直接郵寄：23141新北市新店區民權路50號6樓
如已傳眞，請勿再投郵，以免重複訂購

●郵政劃撥訂購

劃撥帳號：19922014
戶名：校園書房出版社

●書目價格爲台幣建議售價，但會依當時物價調整，敬請到校園網路書房或致電本社查詢。

●寄送方式及郵資：
購買本版書籍滿500元以上免收物流處理費，其餘海內外郵資及付款、寄送方式，請上校園網路書房查詢。若需因應特殊情況，校園保有訂單出貨與否權利。

●如果您有任何疑問，請洽詢本社服務電話或使用電子郵件接洽

（02）2918-2460分機240～244或E-mail：sales@campus.org.tw
服務時間：週一至週五9：00am～5：30pm

國家圖書館出版品預行編目（CIP）資料

凝視生命：奇士勞斯基《十誡》的神學美學
/ 曾慶豹作. -- 初版. -- 新北市：校園書房,
2016.10
面； 公分
ISBN 978-986-198-523-7（平裝）

1.奇士勞斯基（Kieslowski, Krzysztof,
1941-1996）2.十誡 3.影評 4.神學

241.2121 105016180

Dekalog

Krzysztof Kieślowski

Dekalog

Krzysztof Kieślowski

Dekalog

Krzysztof Kieślowski

Dekalog

Krzysztof Kieślowski